INTELIGÊNCIA CULTURAL

David Livermore, Ph.D.

INTELIGÊNCIA CULTURAL

Trabalhando em um mundo sem fronteiras

Prefácio de
Soon Ang, Ph.D., e Linn van Dyne, Ph.D.

Tradução
Gabriel Zide Neto

best.
business

CIP-BRASIL. CATALOGAÇÃO-NA-FONTE
SINDICATO NACIONAL DOS EDITORES DE LIVROS, RJ.

L761L   Livermore, David A., 1967-
        Inteligência cultural / David Livermore; tradução: Gabriel
        Zide Neto. – Rio de Janeiro: Best*Seller*, 2012.

        Tradução de: Leading with cultural intelligence
        ISBN 978-85-7684-548-5

        1. Liderança – Estudos interculturais. 2. Comportamento or-
        ganizacional – Estudos interculturais. 3. Administração – Estu-
        dos interculturais. 4. Comunicação intercultural. 5. Orientação
        intercultural. I. Título.

12-0112.   CDD: 658.4092
                                      CDU: 65:316.46

Texto revisado segundo o novo Acordo Ortográfico da Língua Portuguesa.

Título original norte-americano
LEADING WITH CULTURAL INTELLIGENCE
Copyright © 2009 David Livermore
Copyright da tradução © 2012 by Editora Best Seller Ltda.

Publicado mediante acordo com Amacom, uma divisão da American Management
Association, International, New York.

Capa: Sérgio Carvalho | Periscópio
Editoração eletrônica: Abreu's System

Todos os direitos reservados. Proibida a reprodução,
no todo ou em parte, sem autorização prévia por escrito da editora,
sejam quais forem os meios empregados.

Direitos exclusivos de publicação em língua portuguesa para o Brasil
adquiridos pela
EDITORA BEST BUSINESS um selo da EDITORA BEST SELLER LTDA.
Rua Argentina, 171, parte, São Cristóvão
Rio de Janeiro, RJ – 20921-380
que se reserva a propriedade literária desta tradução

Impresso no Brasil

ISBN 978-85-7684-548-5

Seja um leitor preferencial Record.
Cadastre-se e receba informações sobre nossos lançamentos e nossas promoções.

Atendimento e venda direta ao leitor:
mdireto@record.com.br ou (21) 2585-2002

Este livro foi escrito para dar informações exatas e substanciais do assunto que ele trata. Está sendo
vendido com a condição de que a editora não está dando nenhuma orientação legal, contábil ou de
nenhuma especialidade profissional. Se você precisar de uma assessoria jurídica ou de assistência
especializada de qualquer ordem, deve procurar os serviços de um profissional competente.

Para Linda... minha querida alma gêmea,
amor e companheira de viagem

SUMÁRIO

Prefácio 9

Introdução 13

Agradecimentos... 19

PARTE I: O QUE É IC E POR QUE EU PRECISO DELA?

1. Você é um líder num terreno multicultural: por que a IC? 23

2. Você precisa de um mapa de viagem: uma visão geral da IC 45

PARTE II: O QUE DEVO FAZER PARA AUMENTAR MINHA INTELIGÊNCIA CULTURAL?

3. Abrindo o apetite: a vontade de ter IC (Passo 1)..................... 65

4. Estudando a topografia: o conhecimento de IC (Passo 2-A) 89

5. Escavando o terreno: o conhecimento de IC (Passo 2-B)............ 117

6. Desligue o piloto automático: a estratégia de IC (Passo 3)........... 141

7. Correr, andar, trotar: a ação de IC (Passo 4) 161

PARTE III: COMO APLICAR A IC?

8. Vislumbrando a viagem à frente: provas e consequências da IC .. 195

9. Convocando seus companheiros de viagem:
   como desenvolver a IC na sua equipe 211

Apêndice: contexto da pesquisa.. 233

Notas 235

PREFÁCIO

Estamos muito felizes por escrever o prefácio do livro de David Livermore sobre inteligência cultural (IC). Já conhecemos Dave profissionalmente há muitos anos e acompanhamos seu trabalho com muito interesse. Ele sempre demonstrou grande paixão por treinamento e educação interculturais e passou muitos anos treinando líderes para servir em missões transcontinentais de curta duração.

Como professoras acadêmicas pioneiras na pesquisa e na ciência básica da inteligência cultural no comportamento das organizações, fomos apresentadas a Dave por um colega em comum. Esse colega acreditava que nossa pesquisa acadêmica sobre inteligência cultural poderia influenciar o trabalho de campo de Dave *e também* que a vasta experiência intercultural que ele possuía poderia nos ajudar a redefinir o que pensávamos sobre inteligência cultural.

Poucas pessoas são capazes de traduzir o trabalho acadêmico técnico num material tão lúcido e claro. Mas Dave conseguiu fazer exatamente isso com este livro sobre liderança com inteligência cultural. Nosso amigo tem qualificações inigualáveis para escrever um livro como este. Ele é Ph.D. em pedagogia, com ênfase em educação multicultural. Ele entende a importância dos princípios de gestão comprovados cientificamente e, ao elaborar os pontos principais, enfatiza as provas científicas, em vez de simples histórias. Consequentemente, *Inteligência cultural* apresenta uma visão de liderança solidamente calcada na teoria e na pesquisa da inteligência cultural. Ao fazer uso de ideias e conceitos-chave academicamente comprovados, Dave dá vida à noção de inteligência cultural e a aplica de maneira altamente prática para executivos e empresas globais.

Este livro é muito fácil de ler e altamente relevante para os administradores e líderes que precisam trabalhar com as complexidades das diferenças culturais. Dave usa belíssimos exemplos da vida real em todos os capítulos do livro.

Dave começa explicando a importância da inteligência cultural nas organizações do mundo atual e explica por que a inteligência cultural é um fator tão crítico para uma liderança eficaz. Em seguida, ele passa a descrever sistematicamente os quatro passos do círculo de IC, que incluem calibrar a própria motivação para aprender sobre outras culturas, adquirir conhecimento sobre outras culturas, ficar mais consciente de si mesmo e das pessoas que vêm de uma cultura diferente e adaptar seu comportamento para você se encaixar com as outras culturas.

Dave descreve cada passo nesse ciclo de maneira clara e sucinta, e termina cada capítulo da Parte II com uma série de conselhos práticos. Essas sugestões servem como uma espécie de ponto de partida para os que desejam desenvolver a própria IC e alavancar suas diversas experiências culturais de maneira eficaz.

Este livro é voltado a todos aqueles que ocupam algum cargo de liderança, sendo especialmente relevante para líderes globais, equipes multiculturais, gerentes de recursos humanos, profissionais de desenvolvimento e treinamento de gerentes, pesquisadores organizacionais e estudantes. Deve interessar a qualquer pessoa que deseje compreender melhor os fatores críticos para uma liderança eficaz num mundo multicultural e global.

Realmente é um privilégio escrever o prefácio de um livro que deve se tornar o guia essencial para a liderança global no século XXI e nos próximos séculos.

— Soon Ang, Ph.D.,
ocupante da cadeira de Goh Tjoei Kok e professora do Management Center for Leadership & Cultural Intelligence, da Nanyang Business School, Nanyang Technological University, Singapura

— Linn van Dyne, Ph.D., professora de administração da Michigan State University, East Lansing, Michigan

INTRODUÇÃO

Nós sabemos bem como é. Alguns líderes conseguem entrar e sair dos mais variados contextos culturais sem fazer o menor esforço, como se fossem campeões olímpicos de patinação no gelo durante a apresentação que lhes dará a medalha de ouro. Outros são mais parecidos comigo, quando patino aos trancos e barrancos no rinque aqui da cidade, na única vez no ano em que me aventuro por lá com minhas filhas. Onde está a diferença? Por que alguns líderes são mais eficazes na hora de atravessar as fronteiras do que outros? Por que alguns conseguem realmente estabelecer uma relação de confiança e negociar contratos com chineses, alemães e latino-americanos no mesmo dia enquanto outros mal podem lidar com a diversidade dentro da própria sede da empresa? Mais do que isso, qual é a diferença entre os líderes que são capazes de demonstrar um respeito genuíno por pessoas com uma visão de mundo diferente e os líderes que não são? Este livro é sobre isso: como aprender a liderar com inteligência cultural. *Inteligência cultural*, ou IC, é a "capacidade de operar de forma eficaz entre culturas nacionais, étnicas e organizacionais diferentes".[1] Em vez de esperar que você domine todas as normas das várias culturas com as quais irá se deparar, a inteligência cultural o ajudará a desenvolver um repertório geral e uma perspectiva que resultará numa liderança mais efetiva. A inteligência cultural é, ao mesmo tempo, uma habilidade e um modelo geral para pensar a liderança entre várias culturas. Ao longo deste livro, as expressões *intercultural* e *multicultural* serão usadas como sinônimos, embora, tecnicamente, sejam termos diferentes (*intercultural* se refere a "duas culturas interagindo" e *multicultural* significa "várias culturas interagindo"). Segui o padrão de vários autores e usei as duas expressões indistintamente, em geral, dando preferência à expressão *intercultural*, que é a mais comum.

Por que este livro?

O objetivo deste livro é mostrar como liderar com inteligência cultural. Baseado numa pesquisa feita em 25 países, este livro lhe dará um ciclo de quatro passos que pode ser aplicado a qualquer situação intercultural. Ninguém consegue liderar com perfeição passando por várias culturas, entretanto, aprendendo a aplicar esses passos, você conseguirá melhorar sua liderança e seus relacionamentos entre várias culturas nacionais, étnicas e organizacionais.

Existe uma enorme quantidade de livros e modelos sobre administração de empresas globais e liderança intercultural. Muitas dessas fontes ajudaram a formar minhas próprias teorias e prática. Entretanto, 70% dos empreendimentos internacionais continuam a dar errado por causa das diferenças culturais.[2] Abordagens muito simplistas que ensinam quais são as práticas de uma determinada cultura e quais tabus devem ser evitados simplesmente não são suficientes. Por outro lado, alguns livros sobre cultura e liderança são tão complexos e intelectualizados que a tentação é descartá-los como meras teorias de torre de marfim.

Inteligência cultural se destaca dos outros livros sobre o assunto porque proporciona um arcabouço coerente de inteligência cultural, amparado em pesquisas para se ter sucesso em diferentes tipos de contextos culturais. Ele foi escrito para profissionais que trabalham numa ampla gama de cenários, de negócios a ONGs e relações com governos estrangeiros. Os quatro passos do círculo (vontade de ter IC, conhecimento de IC, estratégia de IC e ação de IC) apresentados no livro podem ser aplicados a qualquer situação multicultural.

Base de pesquisa

O modelo de inteligência cultural está calcado num trabalho empírico rigoroso, que envolveu pesquisadores em 25 países. Christopher Earley e Soon Ang se basearam em pesquisas com múltiplas inteligências para desenvolver o modelo conceitual da inteligência cultural.[3] A partir de uma lista com vinte itens, a Escala de Inteligência Cultural foi desenvolvida — e sua validade, comprovada — para medirmos a IC entre várias culturas.[4] A IC consegue prever vários aspectos importantes da eficácia intercultural e fornece uma base sólida para o trabalho científico. Desde 2003, o tema vem atraindo a atenção do mundo inteiro entre diversas disciplinas. Embora a IC tenha sido testada de maneira mais completa nos ambientes educacionais e empresariais, também foram colhidos dados de campos como direito, engenharia, enfermagem, saúde mental, consultoria, serviço público e religião.[5]

A pesquisa apresentada no decorrer deste livro foi feita por um grande número de profissionais dedicados a testar a inteligência cultural, inclusive eu. Quaisquer dados tirados diretamente do trabalho de outras pessoas é citado explicitamente. As doutoras Soon Ang, da Nanyang Technological University, em Singapura, e Linn van Dyne, da Michigan State University, compartilharam generosamente suas pesquisas, seus insights e seu histórico de vários anos pesquisando a inteligência cultural. Nós três trabalhamos bem próximos na pesquisa e aplicação da inteligência cultural, e você verá que meu livro faz várias referências ao trabalho delas. Minha investigação pessoal sobre inteligência cultural foi de uma natureza mais qualitativa, embora sempre amparada pela pesquisa quantitativa feita por terceiros. No apêndice, você encontrará uma breve descrição da natureza e da metodologia de pesquisa. Para respeitar e proteger a confidencialidade das partes envolvidas, os nomes das pessoas e das organizações para as quais elas trabalhavam foram alterados. No entanto, as demais informações demográficas (como idade, sexo, etnia e local de trabalho) foram mantidas nos relatos mostrados no decorrer deste livro.

Como ler este livro

Pense em *Inteligência cultural* como um manual de campo para compreender e desenvolver a inteligência cultural em você e nas outras pessoas. A IC não é um destino final, mas uma habilidade que serve como bússola para nos guiar pelo mundo globalizado da liderança. Nessa viagem, ninguém nunca chega ao fim. Mas, com um pouco de esforço, nós poderemos nos sair melhor.

Alguns líderes não têm tempo para ler mais do que uma sinopse rápida das ideias. Se você for um desses, pode pular praticamente o livro inteiro e ir direto aos resumos que aparecem ao longo dessas páginas. Outros preferem conhecer o quadro geral que vem com as histórias e as explicações. Isso também pode ser encontrado aqui. Incentivo a ler este livro da maneira que for melhor para você.

O Capítulo 1 demonstra a relevância da inteligência cultural para a liderança. Apesar de a maioria dos líderes reconhecer a importância do panorama multicultural no mundo da liderança atual, nós vamos examinar o porquê de um talento como a inteligência cultural ser tão apropriado para os desafios da liderança neste século XXI. O Capítulo 2 fornece uma visão geral do modelo de inteligência cultural, incluindo uma breve descrição das suas quatro dimensões. Os Capítulos 3 a 7 compõem a parte mais importante do livro: os quatro passos para se tornar mais inteligente do ponto de vista cultural. Esses quatro passos são uma modelagem pela qual nós podemos passar antes de entrar em qualquer trabalho que envolva pessoas de culturas diferentes. Os dois últimos capítulos fazem um resumo das maneiras mais importantes de se desenvolver a IC em você e em sua empresa.

Escrever este livro foi uma tarefa muito pessoal, porque não escrevo como um espectador externo, observando a liderança intercultural dos outros. Passei os últimos vinte anos em papéis de liderança, entre pessoas de uma vasta gama de formações culturais, em vários países diferentes. Tive o mesmo número de fracassos e de sucessos em minhas tentativas de liderar entre culturas. E passei os últimos anos pesquisando o fenômeno da liderança intercultural nos outros. Dessa forma, este livro inclui dados de pesquisa ilustrados com exemplos da vida real, para oferecer algumas das melhores práticas para a liderança intercultural.

Vivemos em uma época espetacular! Sai quase de graça falar com uma pessoa do outro lado do mundo. As causas que batem forte em nosso peito também podem tocar a vida de indivíduos a vários fusos horários de distância. Podemos aprender com líderes que trabalham e administram empresas em lugares completamente diferentes de onde estamos. Podemos comer nachos em Bangcoc, sushi em Joanesburgo e baclavá em Omaha. Podemos contratar os serviços de contabilidade de um profissional em Bangalore. E, apesar dos custos cada vez mais altos do combustível, a oportunidade de ver o planeta em primeira mão e interagir com gente do mundo inteiro nunca foi tão fácil. Com inteligência cultural podemos lidar com este mundo de distâncias cada vez mais curtas com uma sensação básica de respeito mútuo e de dignidade por todos. Este livro fornece um caminho para se embarcar com sucesso e educação nessa viagem por um mundo de distâncias curtas. E eu sou muito grato de poder compartilhar esta viagem com você.

— David Livermore
Grand Rapids, Michigan

AGRADECIMENTOS

Meu amigo e colega Steve Argue divide todos os seus projetos comigo. Seja me tirando da minha zona de conforto, me empurrando para melhorar o que fiz ou oferecendo sua mente extraordinariamente criativa, não consigo escrever sem o retorno dele.

Este livro é diferente por causa de Soon Ang, Dick DeVos, Rebecca Kuiper, Linda Fenty, Don Maine, Kok Yee Ng, Sandra Upton, Linn van Dyne e Mike Volkema. Cada um leu um rascunho muito grosseiro dos originais, e o retorno deles alterou profundamente o resultado final.

Há uma boa razão para se encontrar os nomes de Soon Ang e Linn van Dyne ao longo do livro inteiro. Elas me inspiraram a escrever e tornaram essa empreitada possível, generosamente compartilhando comigo suas pesquisas, seus insights, suas críticas e seu incentivo. Sou muito grato por ter me associado a elas no modo como levar a pesquisa e a prática da inteligência cultural a um novo patamar.

Christina Parisi, minha editora na AMACOM, respondeu à proposta que fiz, dizendo: "Desde que fui fazer faculdade no exterior eu me interesso por esse tema." O envolvimento pessoal dela nesse assunto foi mais forte para mim do que as ofertas dos outros editores. E a parceria que forjamos ao longo de toda a evolução deste trabalho foi muitíssimo gratificante.

Minha filha mais velha, Emily, está crescendo e virando uma moça culturalmente inteligente, capaz de entabular conversas muito interessantes comigo. E o amor que minha filha Grace tem pela vida e seu talento para dizer as coisas "sem frescura" me fazem rir e dão uma bela perspectiva à minha existência. Linda, minha esposa, participou de cada passo deste projeto, desde o nascimento como ideia até os retoques finais. Seu amor, seus incentivos, suas discussões e seu sentimento de parceria são um verdadeiro presente para mim, acima de qualquer outra coisa.

Parte I

O que é IC e por que eu preciso dela?

CAPÍTULO 1

VOCÊ É UM LÍDER NUM TERRENO MULTICULTURAL: POR QUE A IC?

Hoje em dia, a liderança é um desafio multicultural. Pouca gente precisa ser convencida disso. Nós competimos num mercado global, administramos uma força de trabalho diversificada e tentamos nos manter informados das últimas tendências e modificações. No entanto, muitos enfoques desse desafio de liderança parecem ser ou simplistas demais ("Sorria e evite esses três temas tabus. Dessa forma, tudo vai dar certo.") ou exagerados demais ("Não vá a nenhum país antes de virar um guru multicultural."). A inteligência cultural oferece um caminho melhor. O ciclo de quatro passos apresentado neste livro foi elaborado de tal maneira que você poderá utilizá-lo sempre que for entrar em uma nova situação intercultural.

Quais são os maiores obstáculos que o impedem de atingir seus objetivos pessoais e profissionais? Como é possível liderar de maneira eficaz as pessoas que vêm de culturas diferentes? Que tipo de situações culturais o deixam mais extenuado? Qual o modo apropriado de dar instruções a um funcionário do Paquistão e a outro que veio da Bósnia? Que tipo de treinamento deve ser criado para uma equipe de gerentes de várias formações diferentes? Como obter o feedback de um colega que vem de uma cultura diferente, em que manter as aparências é mais importante do que dar uma resposta direta? E como é possível lidar com todos os cenários culturais que aparecem em nosso mundo cada vez mais globalizado? Estas são as perguntas que podem ser respondidas com o ciclo de quatro passos da IC, apresentados neste livro.

Por toda minha vida fui fascinado por outras culturas. Já na infância, como um menino canadense-americano sendo criado em Nova York, eu me sentia intrigado pelas diferenças que encontrávamos quando atravessávamos a fronteira e íamos visitar parentes no Canadá. O dinheiro multicolorido, as maneiras distintas de se dizer as coisas e a culinária diferente que observávamos depois de atravessar a alfândega — tudo isso me atraía. Aprendi muito mais sobre liderança, questões globais e sobre o que acredito com minhas experiências interculturais do que com qualquer trabalho ou curso de pós-graduação que tenha feito ou lecionado. Fiz as pessoas rirem quando eu tropeçava numa língua diferente ou dizia alguma coisa "errada". Fiquei horrorizado ao descobrir posteriormente que tinha ofendido um grupo de colegas de uma etnia diferente porque passara *tempo demais* a elogiá-los. Eu sou um líder, professor, pai, amigo e cidadão melhor por causa das amizades interculturais que forjei ao longo de meu trabalho. E através do fascinante território da inteligência cultural descobri uma maneira mais rica de compreender e me preparar para trabalhar entre várias culturas.

A *inteligência cultural* é a "habilidade de operar de forma eficaz entre culturas nacionais, étnicas e organizacionais diferentes".[1] Praticamente qualquer pessoa pode aprender a fazer isso. A inteligência cultural oferece aos líderes um repertório e uma perspectiva que podem ser aplicadas a uma vasta gama de situações culturais. É uma habilidade que envolve quatro dimensões diferentes, que nos permite atender as rápidas demandas da liderança. Este livro descreve como obter uma vantagem e uma sofisticação competitiva pondo em prática o ciclo de quatro passos da inteligência cultural. Pense num trabalho ou numa situação intercultural com a qual você esteja se deparando. Tire um minutinho e passe agora pelo ciclo de quatro passos da IC:

1. Vontade de ter IC: qual é a sua motivação para essa missão?

2. Conhecimento de IC: que informação cultural será necessária para cumprir essa missão?

3. Estratégia de IC: qual é o seu planejamento para essa empreitada?

4. Ação de IC: que comportamentos você terá de adaptar para ser bem-sucedido?

Se você não faz ideia de como responder a essas perguntas neste exato momento, este livro irá lhe explicar como. Mas antes de descrever em maiores minúcias o que é a inteligência cultural e as maneiras de desenvolvê-la, é importante perceber sua relevância direta para a liderança num mundo que se globaliza rapidamente. Este capítulo fará um resumo de alguns dos motivos mais importantes para se tornar culturalmente inteligente. Nós começamos com uma história e depois pintamos um quadro geral da relevância da inteligência cultural para as necessidades de liderança mais proeminentes.

Do oeste de Michigan ao oeste da África

Amanhã, desembarcarei em Monróvia, capital da Libéria. Este pequeno país da costa da África Ocidental é o tipo do lugar que nunca pensei em visitar. Mas, como minha organização recentemente formou uma parceria por lá, acabou se tornando um destino frequente para mim. Já passei muito mais tempo trabalhando na Europa, na Ásia e na América Latina, que são lugares que conheço melhor. O oeste da África continua sendo muito estranho. Ainda assim, o mundo plano da globalização faz com que até o lugar mais exótico pareça estranhamente familiar. A internet sem fio no hotel em que estou hospedado, uma Diet Coke e o uso do dólar como moeda tiram uma parte da sensação de distância que um lugar como Monróvia desperta. No entanto, continuo tendo de me adaptar muito para trabalhar na Libéria.

É impressionante como viver e trabalhar neste mundo que se globaliza rapidamente proporciona uma quantidade de encontros sem precedentes com pessoas, lugares e questões do mundo inteiro. Acho que, enfim, o mundo é plano, não é? O economista Thomas Friedman popularizou a expressão *mundo plano* para sugerir que os campos de competição entre os mercados emergentes e os industrializados estão ficando mais equilibrados.[2]

Um dia antes de eu partir para o oeste da África, coloquei em ordem os fios soltos que vão surgir durante a semana que passarei fora. Respondo a e-mails de colegas de Dubai, Xangai, Frankfurt e Joanesburgo, e converso por telefone com clientes em Kuala Lumpur e Hong Kong. Minha mulher e eu almoçamos rapidamente em nosso restaurante indiano favorito e conversamos com um refugiado do Sudão que embala as compras que fazemos a caminho de casa. Antes de nossas filhas chegarem da comemoração de 5 de Mayo na escola, ligo para minha administradora de cartão de crédito e falo com um atendente que está em Nova Déli. Mesmo em uma cidade pequena como Grand Rapids, Michigan, onde moro, tenho diversos encontros interculturais.

As pessoas devem pensar que viajar num mundo plano seja fácil. Entretanto, é justamente o contrário. Ir de Grand Rapids até Monróvia exige um planejamento meticuloso e desorganiza o corpo inteiro. Meu trabalho e minha viagem têm de ser planejados conforme os três dias por semana que a Brussels Air voa para Monróvia, já que essa é a única companhia aérea ocidental que vai até lá. Mesmo assim, o fato de eu poder tomar café da manhã com minha família e estar do outro lado do oceano Atlântico, na costa oeste da África, em menos de 24 horas é absolutamente surpreendente. Então, talvez o mundo esteja ficando plano mesmo.

No voo de Bruxelas a Monróvia, sento-me ao lado de Tim, um rapaz liberiano de 22 anos, que atualmente mora em Atlanta. Nós conversamos rapidamente. Ele descreve a emoção de voltar à Libéria pela primeira vez desde que seus pais o ajudaram a planejar sua fuga para os Estados Unidos há dez anos, durante a guerra civil que assolava o país.

Ao aterrissar, vejo aviões da ONU estacionados na pista. Apenas oito horas antes, eu caminhava pelas ruas de Bruxelas e comia um waffle matinal. E aqui estou eu, indo em direção ao controle de passaportes em Monróvia. Talvez viajar por vários fusos horários não seja algo tão ruim assim.

No fim, acabo indo parar no despacho de bagagem ao lado de Tim, meu mais novo conhecido. Um carregador que parece ter 100 anos de idade o ajuda com as malas. O carregador pergunta:

— Quando tempo você vai ficar aqui, amigo?

— Só umas duas semanas — responde Tim. — Gostaria que pudesse ser mais.

O carregador dá uma gargalhada.

— Por que, meu caro? Você é americano!

— Eu sei. Mas a vida lá é muito dura. Eu realmente gostaria de ficar mais tempo. A vida aqui é melhor.

O carregador ri ainda mais alto e dá um tapa nas costas de Tim:

— Você está louco. Olha só a sua situação. Você viaja com um passaporte americano! Não tem a menor ideia do quanto a vida é dura. Eu estou trabalhando há 37 horas seguidas e eles não me pagam há seis semanas. Mas não posso largar este emprego. A maioria das pessoas aqui está desempregada. E agora olha só para você. Você se alimenta bem. Parece ser um sujeito gordo e saudável. E ainda por cima mora nos Estados Unidos!

Tim balança a cabeça e diz:

— Você é que não sabe o que está falando. Não faz a menor ideia de como é a vida por lá. A menor ideia. É duro. Mas vamos esquecer este assunto. Só preciso que você pegue minha mala.

Posso ver o cansaço pesando nos ombros largos dele.

Entendo perfeitamente por que o carregador morreu de rir ao ver um rapaz de 22 anos, capaz de passar as férias do outro lado do Atlântico, dizer que a vida dele é "dura". No entanto, também posso imaginar os consideráveis sofrimentos pelos quais um jovem afroamericano que mora em Atlanta passa. Todas as estatísticas estão contra ele. Quantas pessoas fecham os carros quando ele passa? Que barreiras adicionais ele teve de superar para ser contratado pela academia onde trabalha? E Tim me contou também das expectativas imensas que a família e os amigos que ficaram na Libéria depositaram nele. Afinal, eles não conseguiram fugir da guerra, por isso, o mínimo que ele podia fazer era mandar somas regulares de dinheiro para ajudá-los. Observar esse tipo de interação quando viajamos proporciona insights de como nós temos de negociar para chegar aos resultados estratégicos desejados.

Enquanto saio do aeroporto de Monróvia, uma mulher de sorriso fulgurante vestida de laranja brilhante da cabeça aos pés me vende um chip de celular por 5 dólares. Entrego o dinheiro a ela. Mando uma mensagem de texto para minha família, para eles saberem que cheguei bem. Caminhando, escrevendo a mensagem e procurando meu motorista, quase tropeço numa mulher urinando, vejo crianças vendendo água mineral e passo por homens da minha idade que, pelos padrões do país, se encontram estatisticamente em seus últimos anos de vida. Usar o telefone para mandar uma mensagem de texto para casa faz com que uma terra estrangeira pareça conhecida, mas observar os filhos dos meus colegas vendendo água mineral faz o lugar parecer muito estranho.

Depois de uma noite de sono bastante boa, vou dar uma corrida pelas ruas enlameadas perto do hotel. Não paro de passar por crianças carregando baldes de água na cabeça, tiradas do poço mais próximo. O café da manhã no hotel acontece em uma longa mesa de refeição, onde os hóspedes recebem dois ovos meio molhados, um cachorro-quente, um pão branco e uma xícara de café instantâneo. Nesta manhã específica, a mesa do café conta com consultores da ONU vindos da Índia e da Suécia, um economista norte-americano, alguns administradores de empresa norte-americanos e um médico inglês.

Começo a falar com a mulher de negócios norte-americana ao meu lado. Ela trabalha para uma empresa dos Estados Unidos que vende alimentos infantis e conta que esta é a quinta viagem que faz à Monróvia nos últimos dois anos. Depois da primeira, ela convenceu a empresa de que há um mercado em expansão para alimentos infantis na Libéria, especialmente entre os muitos liberianos que estavam voltando para casa depois de viver no exílio durante os 15 anos da guerra civil. Enquanto viviam em outros continentes, essas pessoas perceberam os benefícios nutricionais e a conveniência dos alimentos infantis, e tinham certeza de que poderiam convencer seus compatriotas a comprá-los. A empresa mandou vários contêineres cheios de alimentos infantis. Os tipos de alimentos enviados foram escolhidos com o maior cuidado a partir de uma pesquisa de mercado feita sobre a alimentação comum dos liberianos, mas a empresa adotou a mesma embalagem dos Estados Unidos — um rótulo com a foto de um bebê. A empresa lançou seu produto com muitas promoções, inclusive amostras grátis, mas poucas pessoas levaram para casa, e menos ainda chegaram a comprar os alimentos, mesmo com um preço bem baixo. As vendas dos alimentos infantis foram um retumbante fracasso na Libéria, até que a empresa se deu conta de que os distribuidores africanos geralmente põem fotos dos alimentos no rótulo. Foi por isso que colocar no mercado um pote com um bebê no rótulo não deu certo.

Ao ouvir essa história, um médico de cabelos grisalhos à nossa frente nos conta algo que aconteceu com ele. Há uns seis meses, ele havia despachado da Inglaterra vários caixotes de remédios, mas até agora eles não haviam chegado à Libéria. Ele telefonou e mandou um e-mail a cada dois dias para o porto em Monróvia, nos últimos meses, que respondia dizendo que o carregamento não chegara. Quando ele desembarcou em Monróvia, passou a ir quase diariamente ao porto para perguntar se o carregamento havia chegado. E todo dia ele ouvia:

— Volte amanhã. Com certeza vai estar no próximo navio.

Mas nunca estava. E ele começa a pensar que nunca verá os equipamentos médicos e que o valor da sua breve estada na Libéria está sendo seriamente minado pela falta deles. Ele acha que foi uma perda de tempo ter vindo.

De minha parte, compartilho alguns dos infortúnios culturais que vivi e passamos a falar de como é fácil rir dessas coisas depois de algum tempo, mas que, na hora, a frustração e os custos financeiros envolvidos não têm graça nenhuma. Nossa conversa do café da manhã é um lembrete dos muitos desafios que vêm com a liderança intercultural. E dentro de mais alguns minutos estou prestes a me ver dentro de uma realidade dessas, novamente.

Um dos principais objetivos de minha viagem à Libéria é decidir se devemos incluir uma faculdade liberiana, a Madison College (pseudônimo), numa ampla parceria que estamos desenvolvendo no país inteiro. O principal contato de nossa organização na Libéria é Moses, um liberiano que está liderando uma ação para reconstruir o sistema educacional do país, depois da guerra. Moses é o mais velho de 85 filhos — e filho da primeira esposa do pai. Isso o torna a pessoa mais importante da família, agora que o pai morreu. Moses é baixinho e atarracado e se comporta como se fosse um chefe tribal. Repetidas vezes ele fez recomendações para nossa equipe não trabalhar com o Madison College. Moses tinha ressalvas quanto à ética e à integridade do presidente da faculdade, o Dr. Jones. Nesta manhã, eu e o Moses estamos fazendo uma visita ao Dr. Harris, outro líder importante em Monróvia. O Dr. Harris já trabalhou muitas vezes com o Dr. Jones e com o Madison College. Ele é um homem alto e extremamente formal, que se posta ereto atrás da mesa enquanto conversamos, todo empertigado num terno azul-marinho.

Tomando como princípio o valor que dou à comunicação direta, logo depois de passarmos pelas apresentações de praxe, o Dr. Harris fala que, às vezes, dá aula no Madison, e eu aproveito a deixa. Observe o nosso diálogo:

— E o senhor gosta de dar aula no Madison College, Dr. Harris? É uma boa faculdade?

— Ah, é um prazer muito grande dar aula lá. Os alunos estão sempre muito ansiosos para aprender.

— E como é o Dr. Jones? Que tipo de líder ele é?

Observe que, mesmo sendo direto, eu procuro fazer perguntas abertas, um tipo de abordagem que funciona muito bem nos Estados Unidos.

— A Madison é uma instituição muito boa, e o Dr. Jones já está lá há algum tempo. Desde antes da guerra.

Dá para perceber que minhas perguntas abertas não estão ajudando muito. O tempo de que disponho com o Dr. Harris é limitado. Preciso de uma avaliação honesta sobre o Dr. Jones, e, assim, decido ir direto ao ponto.

— Desculpe se o que vou perguntar agora pode criar um certo constrangimento, Dr. Harris. Mas o fato é que ouvi algumas ressalvas sobre o Dr. Jones e o tipo de liderança que ele exerce. Não estou procurando por detalhes desnecessários. Mas o fato é que estamos pensando em fazer uma parceria com o Dr. Jones e o Madison College, e essa parceria exigiria um investimento substancial de nossa universidade. O senhor poderia dar sua opinião sobre essas críticas de que ouvi falar?

— Seria muito bom para os alunos se vocês fizessem a parceria com o Madison College. Nós não temos quase nada nas faculdades daqui. A guerra acabou com tudo. Seria muito, mas muito bom mesmo. Por favor, invistam.

Agora, já tenho algumas pistas. Posso entender o que está acontecendo, mas não tenho tempo para o que para mim parece ser uma espécie de joguinho. Volto a bater na mesma tecla.

— Sim, sim. É por isso que estou aqui. Mas gostaria de saber o que o senhor poderia me contar especificamente sobre o Dr. Jones. O senhor se sentiria à vontade para apoiar o nome dele como um parceiro importante?

— É realmente muito surpreendente que a faculdade tenha conseguido sobreviver à guerra. Quer dizer, é claro que ela teve de passar algum tempo fechada. Os rebeldes tomaram conta de toda a cidade de Monróvia. Mas foi um dos primeiros lugares a reabrir. Tem muita gente boa lá dentro.

— E o senhor gosta da maneira como o Dr. Jones comanda as coisas lá dentro?

— O Dr. Jones fez muita coisa boa. Somos amigos há muitos anos. Aliás, fomos até colegas na escola fundamental. Seria muito bom se vocês ajudassem a Madison. Eu posso lhe apresentar a ele, se o senhor quiser.

Quando saíamos da reunião, eu me virei para acalmar Moses:

— Moses, não quero que você pense que não confio nas ressalvas que tem feito quanto ao Dr. Jones. Mas é que era importante obter a opinião dele. Isso não quer dizer que eu esteja fazendo pouco da sua opinião.

Felizmente, Moses tinha aprendido a falar com um americano franco de um jeito que eu entendo. E ele respondeu:

— Será que você não entendeu nada, Dave? É claro que ele não ia fazer nenhuma crítica ao Dr. Jones. Você nunca deveria ter perguntado isso a ele, especialmente comigo lá dentro. Ele jamais iria falar mal do Dr. Jones na frente de outro irmão liberiano e um completo estranho dos Estados Unidos. Eles foram colegas de escola! O que você queria que ele dissesse?

— A verdade! — retorqui. — Só quero a verdade. Ele não tem de me contar nenhum detalhe pavoroso. Mas, se ele souber de algo dessas impropriedades de que vivem acusando o Dr. Jones, eu esperava que, pelo menos, me incentivasse a investigar mais profundo. Se alguém me perguntasse sobre um amigo de infância que eu soubesse que estava desviando dinheiro de uma empresa, teria dito a verdade.

Moses então me explica que o Dr. Harris poderia ter feito isso, caso estivesse sozinho comigo. Mas ressalta:

— Seria uma vergonha para ele e para mim se o Dr. Harris tivesse criticado o amigo de infância para você, e ainda mais na minha frente. E ele dá aula lá. Falar dessa maneira o encheria de vergonha. Você nunca devia ter perguntado isso a ele. Nunca!

Eu não era totalmente cego sobre a dinâmica interpessoal e intercultural que estava acontecendo. Mas me achava num impasse na hora de conseguir informações-chaves, e precisava avançar. Geralmente, posso me virar nesse tipo de conflito quando interajo com pessoas que vêm de um contexto cultural parecido com o meu. No entanto, a habilidade interpessoal e as estratégias persuasivas que eu usava intuitivamente nos Estados Unidos não tinham a menor eficácia com os líderes liberianos. É aí que entra a inteligência cultural. Ela nos ajuda a adaptar eficazmente nossas estratégias de liderança ao trabalhar com pessoas de formações culturais diferentes. Mais tarde vou mostrar como a IC me ajudou a ir em frente nessa situação.

Importância para os executivos

Talvez o mundo não seja tão plano assim, no fim das contas, especialmente quando se pensa que a Libéria está mais alinhada com o padrão normal da maioria dos países — ou seja, não é uma exceção. As discrepâncias são nítidas. E cada vez mais gente entra e sai de padrões culturais muito acentuados, quase com a mesma facilidade com que passa de um canal a outro na televisão. A facilidade com que encontramos tantas diferenças culturais num período de 24 horas pode nos levar a subestimar as diferenças colossais que existem entre uma cultura e outra — seja entre Grand Rapids e Monróvia, ou entre França e Alemanha, ou entre Starbucks e Shell. A ideia de Friedman de um mundo cada vez mais plano é muito adequada ao se aplicar à crescente competição e às oportunidades nas economias emergentes. Mas precisamos resistir à noção de que um mundo plano nos dará a liberdade de conduzir os negócios da mesma maneira em qualquer lugar do mundo.

POR QUE A IC?

Cerca de 90% dos principais executivos de 68 países disseram que a liderança intercultural será o maior desafio dos altos escalões de uma empresa nos próximos cem anos.[3] A maioria dos líderes contemporâneos encontra dezenas de culturas todos os dias. É impossível dominar todas as normas e valores de cada uma delas, mas uma liderança realmente eficaz exige uma certa adaptação na abordagem e estratégia. Os assuntos mais urgentes que os executivos identificam para a necessidade de IC são:
- Entender clientes diferentes.
- Administrar equipes diversificadas.
- Recrutar e desenvolver talentos de várias culturas.
- Adaptar o estilo de liderança.
- Mostrar respeito.

A propósito, cerca de 90% dos principais executivos de 68 países disseram que a liderança intercultural será o maior desafio dos altos escalões de uma empresa nos próximos cem anos.[4] Antigamente, as viagens pelo mundo e as interações interculturais eram restritas a embaixadores e importantes executivos de imensas multinacionais, como a IBM e o McDonald's. Hoje, praticamente todos os líderes se envolvem em uma série de interações interculturais. Para alguns, isso pode significar atravessar a fronteira em direção a mundos fascinantes de novas línguas e culinárias. Para outros, os encontros interculturais podem ser algo tão próximo quanto a caixa de entrada do e-mail, a pessoa na baia em frente ou diversos alunos espalhados por um campus universitário.

Líderes em todas as profissões estão sendo empurrados para um desafio diversificado e culturalmente muito rico. É claro que um sentimento intuitivo de liderança e expertise numa determinada área continuam a ser valores importantes para um líder, mas eles não são mais o suficiente para administrarmos as oportunidades distintas no mundo de hoje. Diretores de hospitais supervisionam profissionais da área médica que tratam de pacientes de incontáveis formações culturais. Militares estão dando ordens a garotos de 18 anos que, se não forem executadas da maneira correta, vão se transformar em incidentes internacionais noticiados na BBC ou na CNN. E executivos das empresas da *Fortune 500,* até os das recém-criada enfrentam uma pressão cada vez maior para recrutar e liderar talentos capazes de vender e produzir produtos em outros países.

Os profissionais de hoje podem se deparar tranquilamente com 15 contextos culturais num único dia. Por cultura me refiro a qualquer grupo de pessoas que têm uma maneira comum de ver e entender o mundo. É preciso um grau de adaptabilidade muito maior para trabalhar com todas as culturas que encontramos. Além de trabalhar com muitas culturas étnicas e nacionais, os profissionais têm de navegar entre vários contextos organizacionais. E, talvez o mais importante de tudo, os líderes precisam estar muito cientes de sua própria identidade cultural. É muito fácil ficar perdido no meio de tudo isso! Sem a capacidade de se adaptarem a um número cada vez maior de culturas, os líderes e suas organizações ficarão obsoletos. Mas não é preciso ser assim. A inteligência cultural é um talento feito sob medida para a enorme quantidade de culturas que a maioria dos líderes de hoje encontra. Em vez de esperar que as pessoas dominem todas as regras das várias culturas que encontram, a inteligência cultural ajuda um líder a desenvolver um repertório geral e uma perspectiva que resultam numa liderança mais eficaz.

Os executivos relatam que liderar *sem* inteligência cultural resulta num trabalho mais demorado, viagens mais longas e caras, um nível de confusão e frustração cada vez maior, mau desempenho na profissão, más relações de trabalho no próprio país e no exterior e várias oportunidades perdidas.[5] Portanto, a razão mais urgente pela qual os líderes precisam da inteligência cultural é para entender uma base de clientes cada vez mais diversificada, administrar equipes diferentes e de vários países, recrutar e desenvolver talentos interculturais, adaptar seu estilo de liderança e demonstrar um genuíno respeito por todo tipo de ser humano. É preciso discorrer um pouco mais sobre cada um desses motivos, antes de desempacotar melhor a IC.

Entender clientes diferentes

Os dias em que se identificava um único público-alvo não existem mais há muito tempo para a maior parte das organizações. A maioria dos líderes empresariais e de ONGs serve a clientes cujos gostos, comportamentos e premissas não apenas são diferentes como são também conflitantes. Colocar uma foto de purê de cenoura num rótulo de alimento infantil pode reduzir as vendas no mercado americano, mas fazer isso na Libéria repentinamente tornou o produto mais fácil de ser vendido.

A proporção do faturamento oriunda de mercados extracontinentais deve aumentar numa média de 30% a 50% no período de três a cinco anos. Um número cada vez maior de empresas estão na mesma situação que a Coca-Cola, que vende uma quantidade maior de seu produto no Japão do que nos Estados Unidos. Em 2003, 56% dos franqueadores americanos (como o Dunkin' Donuts e o KFC) estavam em mercados estrangeiros.[6] A demanda dos mercados emergentes é vista como o fator crítico mais importante que as empresas globais vão enfrentar. O poder de compra da China e da Índia está crescendo em ritmo alucinante. O *CEO Briefing* da revista *The Economist* informou que "o número de residências com renda maior que 5 mil dólares por ano vai mais que dobrar nos próximos cinco anos na China e triplicar na Índia".[7] Nem mesmo a última crise econômica deve alterar essa tendência.

Os executivos pesquisados afirmam que entender os consumidores de vários contextos é o maior desafio dos líderes atuais. Não existe nada que seja uma cultura uniforme global, a quem o mercado deva atender. As organizações de hoje, e seus líderes, têm de ser ao mesmo tempo locais e globais, ou "glocais", na hora de entender e servir seus consumidores.

Administrar equipes diversificadas

A tarefa de administrar uma força de trabalho dispersa e diversificada em seu próprio país ou em âmbito internacional é mais um grande teste de liderança. Conseguir uma boa comunicação e gerar confiança sempre foram duas questões básicas em matéria de liderança, mas aprender a conseguir isso com o staff de uma cultura diferente é um desafio completamente novo. As políticas de recursos humanos, as estratégias motivacionais e os relatórios de performance talvez precisem ser adaptados para os vários grupos culturais que compõem a equipe. Além do mais, aproveitar a totalidade de uma força de trabalho global geralmente significa terceirizar serviços para a Índia e a fabricação de produtos para a China. Mas saber como medir os custos, os benefícios e as expectativas que esses tipos de oportunidades envolvem é algo extremamente complexo.

Além disso, espera-se que uma parte cada vez maior da força de trabalho na maioria das empresas empregue pessoas de outros países. Gerentes que antes só administravam uma linha de produto numa fábrica agora se veem praticamente morando em aviões e conversando com equipes e clientes espalhados pelo mundo inteiro.[8] São necessários líderes que possam ajudar as equipes a formar uma identidade local, enquanto mantêm os valores da organização como um todo. A inteligência cultural se faz presente na hora de atingir a mistura certa de rigidez e flexibilidade no gerenciamento global.

Recrutar e desenvolver talentos de várias culturas

A inteligência cultural também é necessária na hora de encarar o desafio de recrutar, desenvolver e conservar talentos interculturais. Executivos emergentes em economias emergentes têm muitas opções disponíveis e procuram empresas e profissionais que demonstram praticar a inteligência cultural. Katherine Tsang, CEO do Standard Chartered Bank da China, respondeu a esse desafio criando o que ela chama de uma super-rodovia para atrair e manter líderes jovens e com uma perspectiva global. O mantra que ela incute na equipe é "Abram caminhos!" — que tem o duplo significado de se trabalhar com uma rede de afiliadas em todo o planeta e desenvolver um portfólio pessoal em matéria de liderança global. Tsang identifica a corrida em busca de bons talentos como um dos motivos mais fortes para uma empresa ser mais astuta culturalmente.[9]

Os executivos reconhecem essa necessidade de recrutar as pessoas certas, porque um grupo de 16% a 40% de todos os gerentes que recebem uma missão que os obrigue a morar no exterior a abandonam antes do tempo. Quase 99% desses encerramentos precoces resultam de questões culturais, e não da falta de uma habilidade para o trabalho. O custo de cada executivo enviado ao exterior que fracassa foi estimado em algo que vai de 250 mil dólares a mais de 1,25 milhão de dólares, se forem contadas as despesas associadas à mudança, ao tempo de adaptação e a toda gama de custos diretos e indiretos.[10]

A inteligência cultural está se tornando uma necessidade cada vez mais importante, mesmo para funcionários que nunca vão se mudar para o exterior. Um número cada vez maior de empregados é enviado em viagens curtas para trabalhar com colegas ou com os clientes internacionais. As organizações que praticam a inteligência cultural têm mais chances de recrutar e manter os talentos com capacidade de atender a essas demandas.[11]

Adaptar o estilo de liderança

Ao liderar equipes de várias culturas diferentes, também precisamos da inteligência cultural para adaptar nosso estilo de liderança. Certa vez, fui ao escritório regional de minha empresa em Praga, para participar de um encontro de dois dias com todos os nossos gerentes de nível médio do Leste Europeu. Depois do encontro, o diretor regional me perguntou quem daquele grupo eu achava que eram os líderes mais promissores. Sem hesitar, citei o nome de três pessoas que tinham a palavra "líder" estampada na testa. Ele riu e falou:

— Eu achava mesmo que você fosse dizer isso. O carisma e a capacidade de iniciativa deles provavelmente seriam uma grande vantagem nos Estados Unidos. Mas aqui são uma desvantagem.

Então, ele me contou quais os líderes que achava os mais promissores — indivíduos cuja existência eu nem mesmo notara. Dois anos depois, uma das pessoas que ele citou era nosso novo diretor regional e fazia um excelente trabalho.

Assim como as pessoas têm visões e crenças sobre o estilo de liderança que pessoalmente preferem, as culturas também têm preferências diferentes por alguns estilos de liderança. Um estudo feito em 62 países chamado Global Leadership and Organizational Behavior Effectiveness [Liderança Global e Eficácia de Comportamento nas Organizações] descobriu que as culturas nacionais e empresariais influenciavam o tipo de liderança considerada aceitável e eficaz pelos indivíduos daquela cultura. Por exemplo, uma liderança mais participativa, na qual os gerentes envolvem as pessoas para se chegar a uma decisão, era vista como uma maneira fundamental de se trabalhar entre a maioria dos líderes e das organizações alemãs. No entanto, esse mesmo estilo era visto como uma fraqueza entre empresas e executivos da Arábia Saudita, onde a liderança autocrática era percebida como uma força.[12]

Muitas dessas preferências culturais por um estilo de liderança se relacionam aos valores consagrados pela cultura como um todo. Essa é uma relação que vamos analisar mais detalhadamente ao longo do livro. No momento, o fundamental é perceber a importância de se ter o conhecimento, a motivação e a flexibilidade para incorporar o tipo adequado de liderança diante da situação que se apresente.[13]

Mostrar respeito

Uma vantagem competitiva, lucros mais altos e um projeto de expansão global são motivos centrais para muitos se interessarem pela inteligência cultural. No entanto, a maioria de nós concordaria imediatamente que também estamos interessados em nos comportar de uma maneira mais humana e respeitosa com aqueles com quem dividimos o trabalho. A inteligência cultural pode ajudar a nos tornarmos mais benevolentes na maneira como vemos as pessoas que veem o mundo de um jeito diferente. A *vontade* de tratar os outros de uma maneira digna e respeitosa não significa que nosso *comportamento* vá ser visto, automaticamente, como gentil e respeitoso. Há várias adaptações que são necessárias para fazer com que os outros se sintam honrados e respeitados por nós. Esse tipo de postura exige uma habilidade que está incluída na inteligência cultural.

Essas cinco razões para se ter inteligência cultural — entender os clientes, administrar pessoas, recrutar talentos, adaptar o estilo de liderança e mostrar respeito — são as que os principais executivos do mundo inteiro citam mais constantemente. Essas necessidades aparecerão ao longo do livro, à medida que investigamos mais plenamente como liderar com inteligência cultural.

Inteligência cultural x Outras abordagens interculturais

Embora a maioria de nós não precise de muito tempo para se convencer de que a liderança é um desafio multicultural, o que a inteligência cultural tem que só ela oferece? O mundo está cheio de teorias, livros e treinamentos em matéria de diversidade e liderança global. Alguns deles incluem testes de sensibilidade cultural que são bem conhecidos e muito utilizados. Boa parte desse material mostra o quanto já conceitualizamos, pesquisamos e aplicamos a IC ao contexto da liderança. No entanto, existem algumas diferenças importantes entre a IC e as demais abordagens interculturais. Essas distinções serão tratadas aqui rapidamente. No entanto, muitas reaparecerão mais plenamente na descrição feita da inteligência cultural no Capítulo 2. As principais características pelas quais a IC se diferencia de outras abordagens importantes da administração global são:

- *A IC é baseada numa rigorosa pesquisa acadêmica.* Uma das principais forças do conceito de inteligência cultural é que ela se baseia em diversas pesquisas, uma estrutura que resume uma quantidade imensa de material e de perspectivas sobre diversidade e liderança interculturais. A medida de IC foi testada entre inúmeras amostras, momentos e culturas diferentes.

- *A IC se baseia numa pesquisa de inteligências múltiplas.* A inteligência cultural é a única maneira de se tratar da liderança intercultural baseada explicitamente nas teorias contemporâneas sobre inteligência. O modelo de quatro dimensões da IC está diretamente ligado aos quatro aspectos da inteligência (motivacional, cognitivo, metacognitivo e comportamental) que já foram amplamente estudados e aplicados no mundo inteiro. A IC é uma forma específica de conhecimento que ajuda o indivíduo a operar com eficácia em situações multiculturais.[14]

- *A IC é mais do que um simples conhecimento.* O enfoque da inteligência cultural vai muito além de simplesmente enfatizar a compreensão de outras culturas. Ele também inclui os interesses *pessoais* do líder, seu pensamento estratégico e o comportamento resultante nas situações interculturais. Compreender as diferenças sociológicas que atuam nas crenças, nos valores e nos comportamentos culturais é algo fundamental, mas continua sendo incompleto, se não analisarmos também as dinâmicas psicológicas envolvidas quando uma pessoa interage com outra.

- *A IC dá mais ênfase à capacidade de aprendizagem do que às características pessoais.* Embora seja útil entender como as predisposições de nossa personalidade influenciam o comportamento intercultural (como no caso dos extrovertidos *versus* introvertidos), isso pode acabar se tornando paralisante, pois é muito difícil mudar uma personalidade. A ênfase da IC, entretanto, está no que um líder pode fazer para *aumentar* sua inteligência cultural por meio da educação, do treinamento e da experiência. A IC não é fixa. Ela pode evoluir e crescer.

- *A IC não se refere exclusivamente a uma única cultura.* Finalmente, a inteligência cultural não é exclusiva de uma única cultura. A ênfase não está em tentar dominar todas as informações específicas e os comportamentos necessários para atuar em cada cultura. Em vez disso, a IC se concentra em desenvolver um repertório geral de técnicas, comportamentos e entendimentos para dar sentido à vasta gama de culturas que encontramos diariamente.[15]

A relevância de todas essas distinções da IC será ainda mais revelada no Capítulo 2, quando descreveremos o modelo de inteligência cultural de uma maneira mais completa. A inteligência cultural oferece aos executivos uma técnica prática e realista para atender às demandas da liderança neste mundo acelerado de hoje em dia.

Conclusão

Pare por um momento e olhe à sua volta. Como a cultura está moldando tudo aquilo que existe? De que modo ela está dando forma a tudo o que você vê? Pois ela está — isso eu posso garantir. E a capacidade de enxergar esse fato e conseguir se adaptar de maneira adequada será absolutamente fundamental para sua vida.

No momento, estou sentado num aeroporto. Por uma fração de segundo, esqueci-me de onde estava. E nem toda a familiaridade desta cena me ajudou. Tem uma Body Shop bem em frente e uma Disney Store à esquerda; um Starbucks à direita e uma imensa loja de produtos duty free ali na esquina do corredor. O homem ao lado tecla furiosamente num notebook da Dell. É fácil ver as placas que comumente encontramos nos aeroportos de Sydney, São Paulo, Londres, Hong Kong, Orlando e Joanesburgo e acreditar que o mundo é plano, em todos os sentidos. Em parte, isso é verdade. Você pode pedir um Starbucks latte de baunilha, sem gordura e espuma, tamanho grande, em mais de 25 países do mundo. E inúmeros concorrentes oferecem suas próprias versões dessa mesma bebida em muitos outros lugares. Mas não vá pensar que as mesmas técnicas de negociação, o mesmo senso de humor e as mesmas habilidades motivacionais podem ser utilizadas indiscriminadamente com qualquer pessoa, em qualquer parte.

Liderar no século XXI significa ser capaz de manobrar pelas curvas e pelos desvios de um mundo multidimensional. O panorama da liderança global está sempre mudando e pode ser atordoante; e apenas experiência e intuição não são suficientes. Mas a inteligência cultural oferece uma maneira de atravessar esse labirinto — uma forma que não só é eficiente como também o deixará revigorado e satisfeito. Portanto, entre para uma comunidade de líderes do mundo inteiro que está adquirindo inteligência cultural para explorar as oportunidades e os resultados de liderança num mundo cada vez mais globalizado.

CAPÍTULO 2

VOCÊ PRECISA DE UM MAPA DE VIAGEM: UMA VISÃO GERAL DA IC

Se dois executivos americanos passarem por um treinamento rigorosamente igual para trabalhar no Brasil, eles continuarão tendo duas experiências muito diferentes, pois são pessoas diferentes. Como acontece com todos nós.

De todas as maneiras que a inteligência cultural se diferencia das outras abordagens sobre a liderança intercultural, o fato de a IC ser uma *habilidade individual* talvez seja sua maior peculiaridade. Todos nós temos um quociente único de inteligência cultural (QC). Estratégia e treinamento uniformes não são sinônimos de um desempenho semelhante.

Duas semanas antes de eu embarcar para Monróvia dei uma palestra sobre globalização para um grupo de executivos reunidos numa grande universidade americana. Lá, passei várias horas entrevistando um grupo de estudantes de administração que acabara de completar uma viagem de estudos de dez dias na Índia. Antes de nosso encontro da tarde, comecei a conversar com um dos professores que participara da viagem. Ele tinha 52 anos e era muito experiente. Já dava aula de administração naquela universidade há 17 anos. Imagine o estereótipo do professor de cabelos arrepiados, terno de tweed e cheiro de cachimbo. Ele começou a me contar as observações que fez sobre os executivos indianos que conheceu.

— São todos uns racistas e chauvinistas! *Todos*, sem exceção. Sério! Desafio que alguém me mostre um único executivo indiano que não seja!

Minutos mais tarde, eu falava com alguns dos alunos sobre o que eles haviam observado naquela viagem à Índia. Drew, um rapaz louro de olhos azuis, com 19 anos de idade, no segundo ano do curso de administração, foi o primeiro a falar. Parecia que tinha acabado de chegar de um jogo de golfe, em duplas. O que ele tinha a dizer da empresa em que passou mais tempo, em Bangalore, era o seguinte:

— Eu realmente preciso repensar se a liderança *de equipe* é realmente a única maneira eficiente de dirigir uma empresa. As pessoas lá parecem operar muito bem, mesmo com todos os títulos, formalidades e ordens de cima para baixo.

Pessoalmente, fiquei muito mais animado com o interesse de Drew de repensar suas premissas sobre estilos de liderança do que pela declaração dogmática feita pelo professor de administração. Será que realmente podemos dizer que todos os executivos de uma população de mais de 1 bilhão de habitantes é racista e chauvinista? Seria de se esperar que as predisposições que acompanhavam as afirmativas anteriores estivessem invertidas. Logicamente, um professor veterano deveria ter muito mais sensibilidade intercultural do que um garoto de 19 anos! Essas afirmações levantam uma pergunta que vem desde tempos imemoriais: por que certos líderes conseguem adaptar seu comportamento e seus pontos de vista com facilidade e eficiência, e outros não? Que tipo de líder você é?

A educação e a experiência internacional desempenham um grande papel no desenvolvimento do nível de inteligência cultural, mas não são garantias de sucesso.[1] Conheci autoridades e presidentes de empresas que moraram por dezenas de anos no exterior e, no entanto, demonstram pouquíssimo talento para ver além de suas barreiras culturais. E conheci outros líderes que moram no exterior, às vezes com uma experiência internacional mínima, mas que possuem enorme talento para entrar e sair de vários contextos e situações culturais, enquanto continuam sendo pessoas verdadeiras. O que faz essa diferença? Quais são os talentos e as habilidades que geram resultados consistentes numa liderança intercultural? A resposta a essas perguntas está na raiz do método da inteligência cultural.

O restante deste capítulo fornece uma definição mais completa do que é a inteligência cultural, que se ergue sobre as distinções que relatamos no final do Capítulo 1 (inclusive o fato da IC ser baseada em pesquisas, ser mais do que mero conhecimento, de ela enfatizar as habilidades do aluno e não ser específica para uma cultura).

O QUE É A IC?

A inteligência cultural (IC) é a capacidade de trabalharmos com eficiência em várias culturas nacionais, étnicas e organizacionais.[2] É:
- Um modelo de quatro dimensões.
- Um círculo de quatro passos.
- Diferente da inteligência emocional.
- Um repertório de técnicas.
- Uma abordagem de dentro para fora.

O modelo de quatro dimensões

A inteligência cultural é uma estrutura de quatro dimensões ancorada em muitos anos de pesquisas sobre inteligência e interatividade intercultural. Todas as quatro dimensões são fundamentais para obtermos os benefícios da IC. Essas quatro dimensões são a vontade de ter IC, o conhecimento de IC, a estratégia de IC e a ação de IC, geralmente chamadas pelas pesquisas de IC motivacional, IC cognitiva, IC metacognitiva e IC comportamental (veja a Figura 2-1). As pesquisadoras Linn van Dyne e Soon Ang também sugeriram subdimensões para as quatro dimensões, como observamos na Figura 2-1.[3]

Figura 2-1. O modelo em quatro dimensões da inteligência cultural

Vontade de ter IC: demonstrando interesse, confiança e garra para se adaptar a outras culturas

A vontade de ter IC, que é a dimensão motivacional da inteligência cultural, é o grau de interesse, garra e energia do executivo para se adaptar a outras culturas. Você dispõe da confiança para enfrentar os desafios e conflitos que inevitavelmente vêm com o trabalho intercultural? A habilidade de se engajar pessoalmente e de seguir em frente diante dos desafios interculturais é um dos mais novos e importantes aspectos da inteligência cultural. Não podemos simplesmente *partir do princípio* de que as pessoas estarão interessadas e animadas para se ajustar às diferenças culturais. Em geral, empregados participam apaticamente dos treinamentos sobre diversidade cultural — até porque são obrigados. Os funcionários que estão prestes a partir para cargos no exterior normalmente estão mais preocupados com a mudança e com a adaptação de suas famílias ao novo lar do que em desenvolver seu entendimento sobre aquela cultura. Sem uma boa dose de motivação, não há grandes razões para se gastar tempo e dinheiro em treinamentos interculturais.

A vontade de ter IC possui três subdimensões: a *motivação intrínseca* — até que ponto você curte as diversas situações culturais; a *motivação extrínseca* — os benefícios tangíveis que você vai obter a partir da experiência com culturas diferentes; e a *autoeficácia* — a confiança de que você vai se dar bem nos seus encontros interculturais.[4] Todas essas três dinâmicas motivacionais têm o seu papel na maneira como os executivos enfrentam as situações interculturais.[5]

Conhecimento de IC: compreendendo as questões e as diferenças interculturais

O conhecimento de IC, que é a dimensão cognitiva da pesquisa sobre a inteligência cultural, diz respeito ao conhecimento que o executivo tem sobre a cultura e o papel que ela desempenha na forma como os negócios são feitos. Você compreende o fato de a cultura moldar a maneira como as pessoas pensam e agem? Isso também inclui seu entendimento geral de como as culturas se diferenciam entre si. O conhecimento de IC inclui duas subdimensões: *sistemas culturais* e *normas e valores culturais*.[6]

Os sistemas culturais formam as maneiras como as sociedades se organizam para atender às necessidades básicas de seus membros. Por exemplo, todo país possui sistemas culturais sobre como seus habitantes devem distribuir produtos e serviços e de como as pessoas devem se juntar e criar os filhos. Entender como um sistema familiar funciona pode parecer desnecessário, mas é extremamente relevante se você estiver tentando desenvolver uma política de recursos humanos para empregados que cuidam dos parentes mais velhos de toda a família, e não apenas de seu cônjuge e filhos. A outra subdimensão do conhecimento de IC, os valores e as normas culturais, refere-se às diferentes formas como uma cultura lida com as questões do tempo, da autoridade e dos relacionamentos. O valor que uma cultura dá ao tempo e aos relacionamentos passa a ter uma importância capital quando um americano está tentando fechar um contrato com uma sócia em potencial na China ou Arábia Saudita, onde normas bem diferentes regem as expectativas de um executivo.

O conhecimento de IC geralmente é a dimensão mais enfatizada em muitos programas de competência intercultural. Por exemplo, um setor grande e em alto crescimento de consultoria e treinamento se concentra em ensinar aos líderes exatamente esse tipo de conhecimento cultural. No entanto, embora tenha o seu valor, esse tipo de conhecimento tem de ser combinado com as outras três dimensões da IC — ou sua relevância para as exigências reais dos executivos será questionável e, até mesmo, contraproducente.

Estratégia de IC: concebendo a estratégia e dando um sentido às diferentes experiências

A estratégia de IC, também conhecida como inteligência cultural metacognitiva, é a capacidade de um executivo de traçar suas estratégias na hora em que passa a operar em outra cultura. Será que podemos diminuir nossas RPMs por tempo suficiente para observar o que está se passando em nossa própria cabeça e nas das outras pessoas? Essa é a habilidade de usar o conhecimento cultural que temos para resolver problemas culturais complexos. A estratégia de IC ajuda um executivo a utilizar seu saber cultural para planejar uma estratégia adequada, interpretar de forma exata o que está acontecendo e verificar se suas expectativas foram acuradas ou se precisam ser revistas.

As três subdimensões da estratégia de IC são a *consciência*, o *planejamento* e a *verificação*.[7] A consciência significa estar atento ao que está acontecendo conosco e com os outros. O planejamento consiste em reservar um tempo para se preparar para um encontro intercultural — e antecipar como lidar com as pessoas, o assunto e a situação em si. A verificação é o monitoramento da interação, para analisar se nossos planos e nossas expectativas eram adequados. Da mesma forma, significa fazer uma comparação entre aquilo que esperávamos e o que, de fato, aconteceu. A estratégia de IC enfatiza o planejamento e é a ligação entre a compreensão das questões culturais e o fato de efetivamente conseguir que esse entendimento traga melhores resultados.

Ação de IC: modificando as *ações* verbais e não verbais de uma maneira adequada na hora de interagir com outras culturas

A ação de IC — a dimensão comportamental da inteligência cultural — é a capacidade do executivo de *agir* adequadamente dentro de uma ampla gama de situações interculturais. Será que realmente é possível realizarmos as nossas metas de performance em diferentes contextos culturais? Um dos aspectos mais importantes da ação de IC é saber quando se adaptar a outra cultura e quando *não* se adaptar. Uma pessoa com IC elevado aprende quais ações aumentarão (e quais diminuirão) sua eficiência, e age de acordo. Assim, a ação de IC inclui as ações flexíveis, aquelas feitas sob medida para contextos culturais específicos.

As subdimensões da ação de IC são as *ações verbais*, as *ações não verbais* e a *maneira de falar* — as palavras e frases exatas que utilizamos quando comunicamos mensagens específicas.[8] Esses são os três tipos de comportamento em que há mais necessidade de adaptação. Embora as exigências dos cenários interculturais de hoje impossibilitem o domínio completo de todas as regras sobre o que fazer e o que não fazer das diversas culturas, há alguns comportamentos que devem ser modificados no momento em que você interagir com outras culturas. Por exemplo, os ocidentais precisam aprender a importância de examinar cuidadosamente os cartões de visita que recebem na maioria dos contextos asiáticos. Além disso, alguns comportamentos verbais e não verbais muito básicos influenciam no grau de eficiência com que somos vistos pelos outros. Por exemplo, o tom de voz (alto ou suave) pode passar significados diferentes em culturas diferentes. Quase todo o trabalho intercultural bate na tecla da importância da flexibilidade. Com a ação de IC, passamos a ter uma maneira de analisar como melhorar a própria flexibilidade.

Os Capítulos 3 a 7 vão explorar mais detidamente cada uma dessas dimensões. Pesquisas, exemplos e regras práticas serão dados para você conquistar as habilidades representadas por essas quatro dimensões.

A Escala de Inteligência Cultural (CQS, em inglês) mede a competência de uma pessoa em cada uma das quatro dimensões.[9] Ao responder a uma série de perguntas, você receberá quatro resultados, um para cada dimensão da inteligência cultural. Tirando a média desses resultados, será possível aferir sua IC geral. Duas avaliações de IC estão disponíveis, ambas relevantes para melhorar sua eficácia como líder. A primeira é uma avaliação pessoal; a outra, uma avaliação feita por seus colegas. A autoavaliação fornece um perfil de como você se vê nas quatro dimensões da inteligência cultural. A avaliação de seus colegas pede para você indicar de três a cinco conhecidos que possam responder às perguntas em seu lugar. Entretanto, você recebe uma relação de como eles o veem em relação às quatro dimensões da inteligência cultural. Essas duas avaliações são mais precisas quando usadas em conjunto, de modo que seja possível comparar a própria avaliação com a maneira como os demais percebem sua inteligência intercultural.[10] Visite o site http://www.cq-portal.com (em inglês) para ter mais informações sobre o assunto.

Existem várias maneiras diferentes de aplicarmos as quatro dimensões da inteligência cultural à liderança. Elas podem ser usadas como quatro áreas de avaliação das pessoas que você estiver considerando para uma missão intercultural, podem servir como categorias para treinamento de diversidade ou podem ser usadas para o planejamento pessoal de um executivo. E as quatro dimensões podem ser utilizadas como um círculo de quatro passos para desenvolver a inteligência cultural, tanto a longo prazo quanto numa situação específica. Esse círculo de quatro passos, ilustrado na Figura 2-2, é a aplicação principal a que se dedica este livro. Apesar de as quatro dimensões da inteligência cultural nem sempre se desenvolverem exatamente nessa ordem, Linn van Dyne e Soon Ang sugerem que pode ser útil pensar nas quatro dimensões como passos em direção à uma IC cada vez maior.[11] O resultado é mais ou menos assim:

- Passo 1: A vontade de ter IC (dimensão motivacional) nos dá a energia e a autoconfiança para correr atrás do entendimento e do planejamento necessários para uma determinada missão intercultural.
- Passo 2: O conhecimento de IC (dimensão cognitiva) nos proporciona o conhecimento das questões culturais.
- Passo 3: A estratégia de IC (dimensão metacognitiva) nos permite utilizar o conhecimento cultural para planejar e interpretar o que está acontecendo numa determinada situação.

Figura 2-2. O círculo de quatro passos da inteligência cultural

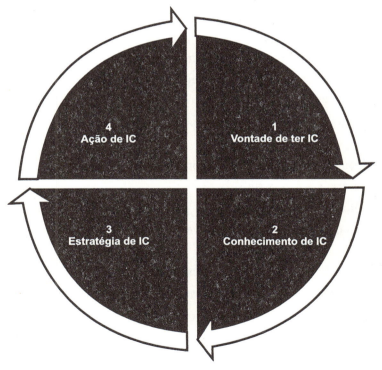

- Passo 4: A ação de IC (dimensão comportamental) nos fornece a capacidade de assumir uma liderança flexível e eficiente para a missão.

Na medida em que as pessoas respondem ao comportamento intercultural (passo 4), positiva ou negativamente, o circuito se fecha e voltamos ao passo 1, que é a vontade de ter IC. O feedback alheio nos dá uma fonte motivacional para prosseguir no desenvolvimento da inteligência cultural. Enquanto o ciclo se repete, a inteligência cultural pode crescer e se desenvolver, pois essa não é uma habilidade estática. Ela continua a se transformar durante o trabalho diário.

O ciclo de quatro passos da IC oferece uma maneira promissora de passarmos da teoria para a prática. Nós podemos nos mover continuamente por essas quatro etapas em um nível macro se considerarmos nosso estilo geral de liderança em uma série de situações. E podemos até mesmo passar por esse ciclo enquanto estamos no avião, participando de conversas e negociações interculturais. Você não tem de ser um expert e saber exatamente o que fazer para trabalhar com a filial chinesa em um novo projeto. Mas, para começar, avalie o projeto à luz das quatro perguntas abaixo:

1. O que será preciso para motivar você?
2. O que você precisa saber?
3. Qual é o seu plano?
4. Quais comportamentos deverão ser adaptados?

Não existe fim para essa viagem de inteligência cultural. Nós simplesmente passamos por esses passos em muitos cenários e contextos diferentes. E, à medida que fazemos isso, ficamos cada vez melhores. E isso é o que queremos — aumentar a eficiência de nosso trabalho no contexto global. Vamos usar essa progressão de quatro passos enquanto caminharmos pelas quatro dimensões da inteligência cultural nos Capítulos 3 a 7.

A IC é diferente da IE

A IC é uma nova forma adicional de inteligência. Todos nós sabemos o que é QI — uma medida da capacidade intelectual das pessoas. Nos anos recentes, também aprendemos sobre a importância da IE, ou inteligência emocional — a capacidade de liderar social e emocionalmente com eficácia. Os conhecimentos técnicos não são mais suficientes. Líderes têm de saber trabalhar com pessoas. A inteligência emocional ajuda a medir até que ponto somos capazes de perceber, calibrar e gerenciar as emoções dos outros e as nossas.[12] As pesquisas mostram que líderes com forte inteligência emocional são mais eficientes, porém esse não chega a ser um indicador confiável para afirmar que essa mesma eficiência vai se sustentar em um contexto cultural diferente. A inteligência cultural se inicia no ponto em que a inteligência emocional para. Ela nos auxilia a aprender como trabalhar de forma eficaz com pessoas que vêm de orientações culturais diferentes. Ela nos ajuda a garantir o sucesso da liderança fora de nossas fronteiras.[13]

Shelly é mais uma das universitárias que participou da viagem de dez dias a Bangalore, Índia. No dia em que eu a conheci, ela estava de terninho preto, salto alto e o cabelo preso num rabo de cavalo. Sempre que os colegas falavam, ela concordava com tudo, de maneira calorosa e não verbal. Não foi preciso mais do que alguns minutos de contato com Shelly para saber que ela se daria muito bem num teste de QE, o quociente emocional. Ela conversava muito bem e, por várias vezes ao longo da pesquisa, não só respondeu as minhas perguntas como encontrou maneiras de trazer para a conversa os alunos que estavam ali sentados, sem participar. No entanto, ironicamente, quando perguntei qual foi o maior desafio que ela enfrentou em Bangalore, Shelly respondeu:

— O simples fato de fazer os outros falarem comigo foi uma dificuldade. Eu tentava de todas as maneiras, mas a maioria das conversas não dava em nada. Mesmo com todos falando inglês muito bem, parecia que nunca conversávamos de verdade.

Indivíduos que têm uma grande capacidade de empatia e de se relacionar com pessoas de sua própria cultura podem se ver na situação em que essa mesma empatia e essas mesmas habilidades sociais não as levarão a lugar nenhum ao lidar com alguém de uma cultura diferente. Isso pode ser extremamente frustrante para alguém como Shelly, para quem as interações sociais são algo natural. Por outro lado, alguns indivíduos que nos próprios países têm habilidades sociais muito limitadas podem se dar muito bem em outra cultura. Portanto, todos os livros e treinamentos em inteligência emocional partem da premissa de que já conhecemos a cultura na qual lideramos e interagimos. É por isso que as outras habilidades representadas pela inteligência cultural são necessários.

Qualquer que seja seu nível de IC, o resultado não é fixo. A inteligência cultural pode ser aprimorada continuamente através da educação, das interações e da experiência. Fatos vividos e métodos diferentes podem resultar em uma IC mais elevada. É claro que o contrário também é verdadeiro. Mesmo não sendo provável, é possível se tornar menos inteligente culturalmente. Quando passarmos pelos quatro passos da IC nos próximos capítulos, você verá que incluí algumas estratégias baseadas em pesquisas para melhorarmos em todas as dimensões da inteligência cultural.

A inevitável pergunta que sempre aparece é se a inteligência cultural é um talento natural ou se pode ser aprendida. Algumas pessoas têm uma inclinação genética maior para serem culturalmente inteligentes? A resposta, provavelmente, é sim. Assim como alguns de nós são mais propensos a se tornarem atletas, engenheiros ou músicos, algumas pessoas também tendem a ter um comportamento mais flexível entre culturas diferentes. Por exemplo, as pesquisas apontam que ser extrovertido está correlacionado com algumas dimensões da inteligência cultural. Também há uma relação positiva entre ser naturalmente consciente e ter uma estratégia de IC mais alta. Além disso, a característica chamada de "curiosidade", em relação ao mundo e às circunstâncias específicas, tem uma ligação positiva com todas as quatro dimensões da inteligência cultural.[14] Portanto, existem correlações interessantes entre a personalidade e a inteligência cultural. Contudo, a ênfase da inteligência cultural é de que *através do aprendizado e das experiências, todo mundo pode se tornar mais inteligente culturalmente*. E o simples fato de alguém ser dotado de mais talento natural para flexibilizar seu comportamento em situações interculturais não é garantia alguma de que ele ou ela será um líder culturalmente inteligente. Assim como ter uma genética natural para a corrida não significa que você vai se tornar um maratonista sem passar por nenhum tipo de treinamento, o mesmo acontece aqui. Serão necessários trabalho e esforço, mas qualquer um pode desenvolver e alimentar a inteligência cultural.

Um repertório de técnicas

Digamos que uma equipe da Espanha vá chegar daqui a duas horas. Assim, há pouquíssimo tempo para se informar sobre a cultura espanhola. O que você deve fazer? Nossas vidas excessivamente ocupadas não permitem que nos tornemos experts culturais sobre todas as culturas com as quais viermos a interagir. Entretanto, a inteligência cultural oferece uma abordagem mais promissora e realista. De acordo com o estudo das pesquisadoras Maddy Janssens e Tineke Cappellen sobre administradores globais, é preciso uma visão mais aberta para os profissionais se orientarem. O estudo delas confirma a preferência pela *ênfase na inteligência cultural na hora de desenvolver um repertório geral de técnicas e comportamentos* que você pode utilizar ao se engajar em qualquer interação intercultural, em vez de esperar que alguém domine tudo o que é bom ou ruim em todas as culturas.[15]

A abordagem mais ampla adotada pela inteligência cultural foi o que, no início, chamou minha atenção para essas pesquisas e para o modelo. Boa parte de meu trabalho exigia muitas viagens rápidas e pontuais. Eu estava convicto de que a cultura era uma força significativa na maneira como executamos nosso trabalho, mas me sentia totalmente paralisado pela ideia irreal de me tornar um expert cultural sobre todos os lugares e pessoas que encontramos.

Agora, há momentos em que é realmente necessário um entendimento mais intenso e específico sobre certas culturas. Quando ficou claro que eu seria o responsável pelo trabalho que faríamos na Libéria, soube na hora que realmente teria de ampliar meu conhecimento sobre a história e os valores culturais liberianos. Eu estaria fazendo um trabalho ruim se apenas confiasse em meu entendimento geral sobre culturas para realizar o serviço. Mas também não estava começando do zero. Embora nunca tivesse ido à Libéria ou estudado sua cultura, uma boa dose de inteligência cultural me ajudou a saber que tipos de informação obter e que perguntas eu deveria fazer. Já demonstrei que meu aprendizado e minhas experiências anteriores não me impediram de cometer erros. E tenho muitos outros erros parecidos com esse para compartilhar. Mas, felizmente, os erros podem ser uma das melhores maneiras de aumentarmos a inteligência cultural. Aliás, parte desse aprendizado vem com a ideia de que os conflitos interculturais são inevitáveis e que fornecem uma boa oportunidade para o crescimento pessoal e profissional.

Você também se verá diante de certas culturas étnicas, geracionais ou empresariais em que terá de obter conhecimentos mais específicos. Porém, a ênfase principal da inteligência cultural é desenvolver um conjunto de habilidades que possam ser aplicadas a qualquer tipo de situação cultural. Embora a leitura de livros especializados, ou um treinamento sobre inteligência cultural possa ser o pontapé inicial para uma maior IC, continuamos aumentando nosso repertório de liderança culturalmente inteligente durante a vida inteira. O modelo de quatro passos se aplica tanto para marinheiros de primeira viagem quanto para executivos muito experientes.

Uma abordagem de dentro para fora

São poucas as esperanças de sermos capazes de adaptar o comportamento intercultural se não modificarmos a maneira como enxergamos as pessoas de outros países. Temos de abandonar aqueles tipos de comportamento nos quais *fingimos* respeitar os outros e nos tornarmos líderes que *realmente respeitam* e valorizam os indivíduos de culturas diferentes. Esse parece ser o fator mais determinante para saber se um líder tem ou não inteligência cultural. Os programas de conscientização da diversidade e as simulações interculturais criativas de nada valerão se não mudarmos de forma efetiva e a partir de dentro a maneira como vemos os outros.

A educação é, de longe, o antídoto mais usado pelas organizações que desejam lidar com os desafios da diversidade cultural. Ao se deparar com questões decorrentes de diferenças culturais, a atitude padrão é juntar todos os funcionários e dar aulas sobre assédio sexual e tabus. Como sou uma pessoa extremamente interessada no campo da educação, não vou desprezar o valor do aprendizado e dos bons professores que levam a um trabalho intercultural mais eficaz. Entretanto, algumas de nossas descobertas sobre o que acontece como resultado de uma ênfase excessiva nesse tipo de educação não é exatamente muito estimulante.[16]

Uma das reclamações que mais ouço dos empregados na hora de dar notas aos treinamentos sobre diversidade é que eles não se importam muito com o que realmente acontece no ambiente de trabalho. Sim, valeu a pena lembrar aos homens que eles não devem chamar suas colegas do sexo feminino de "garotas", e foi bem informativo ver como um funcionário da China ficava mais contido na hora de dar um feedback crítico sobre seus superiores do que um funcionário da Austrália. Mas se um camarada não tiver muito respeito por suas colegas e um executivo australiano continuar achando que o funcionários chinês precisa "aprender a falar o que pensa", será que esse resultado terá servido para algo? Por favor, não me entendam mal. Fazer com que as pessoas utilizem uma linguagem respeitosa já é um começo. Mas é preciso ir além.

Um estudo avaliou uma empresa que realizara um treinamento completo de diversidade cultural para ajudar a lidar com o moral tenebroso que transpassava toda a organização. Milhares de dólares e muitos workshops de treinamento sobre diversidade mais tarde, pouca coisa havia mudado. Foi apenas através de uma análise mais profunda que descobriram que o CEO da empresa, um ex-fuzileiro naval americano, nutria grande preconceito por funcionários acima do peso. Ele via um empregado obeso como uma prova viva de um trabalhador preguiçoso e sem disciplina. Ele e os colegas passaram por inúmeras horas de treinamento e intervenções para aumentar seu respeito pelas mulheres e pelos negros, mas a questão principal não havia sido atingida.[17] O método da inteligência cultural, que enfatiza os atributos *pessoais* da liderança, poderia ter revelado esse problema mais cedo.

Tornar-se culturalmente inteligente não significa que temos de dar as costas às nossas preferências e à nossa formação cultural — entretanto, significa que temos de ir além do que simplesmente mudar a maneira como nos dirigimos a nossos colegas com aparência diferente da nossa, seja em tamanho, sexo, cor ou qualquer outra coisa. E precisamos fazer mais do que simplesmente planejar um treinamento de um mês por ano sobre diversidade. Toda a maneira como vemos uns aos outros talvez precise ser modificada. Vamos dar uma orientação mais completa sobre como isso é feito durante o decorrer do livro. A IC é um modelo transformativo de inteligência intercultural, mais do que um modelo calcado em estratégias de modificação de comportamento.

Conclusão

Algumas pessoas têm uma IC muito alta, e outras não, mas quase todas podem se tornar culturalmente mais inteligentes trabalhando com o ciclo de quatro passos. A inteligência cultural é útil especialmente diante da imensa gama de situações culturais com as quais os executivos de hoje se defrontam. Ela inclui uma série de competências exigidas por profissionais de toda e qualquer área de atuação. Sem ela, os líderes correm o risco de tornarem suas carreiras e organizações obsoletas. Mas aqueles que se comprometerem a melhorar as maneiras como pensam, planejam e operam em situações interculturais vão contar com uma vantagem competitiva muito grande na hora de navegar pelo fascinante terreno de nosso mundo curvo e multidimensional.

A inteligência cultural é uma habilidade pode ser aprendida e que se baseia nas outras formas de inteligência de que os líderes da atualidade necessitam. Assim como eles podem aumentar suas competências técnica, social e emocional também podem fazer crescer sua habilidade de liderar com sucesso entre diferentes culturas organizacionais e étnicas. Enquanto os executivos passam pelos quatro ciclos da inteligência cultural — a vontade de ter IC, o conhecimento de IC, a estratégia de IC e a ação de IC —, ganham no processo um repertório de técnicas, perspectivas e comportamentos que poderão usar no acelerado mundo da globalização. A verdadeira inteligência cultural vem de dentro e transforma a maneira como lideramos as pessoas em nosso país e no restante do mundo. O círculo de quatro passos da inteligência cultural nos ajuda a progredir.

Parte II

O que devo fazer para aumentar minha inteligência cultural?

CAPÍTULO 3

ABRINDO O APETITE: A VONTADE DE TER IC (PASSO 1)

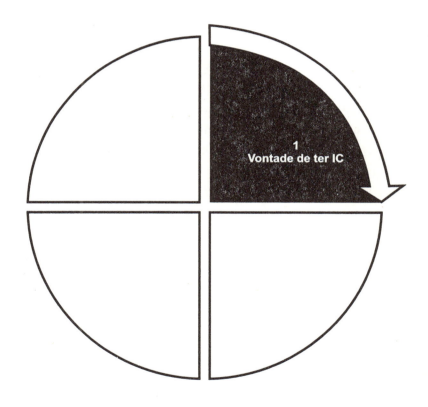

PASSO 1: VONTADE DE TER IC: Qual é minha motivação?	
Mostrando interesse, confiança e garra para se adaptar a outras culturas	
Perfil de um líder com muita vontade de ter IC:	Líderes com muita vontade de ter IC têm a motivação necessária para aprender a se adaptar a ambientes culturais novos e diferentes. A confiança deles em sua capacidade de adaptação provavelmente vai influenciar a maneira como se saem nas situações multiculturais.

Tudo bem, eu confesso. Sinto-me totalmente energizado por encontros interculturais. É só me colocar numa sala cheia de gente que os estrangeiros lá me atrairão como se fossem ímãs. Pergunte onde quero comer e escolherei um lugar etnicamente exótico. Reservem um lugar para mim num voo internacional e minha adrenalina começará a correr no sangue. Adoro passear pelas ruas de uma cidade que nunca visitei, saborear a comida local, andar pelos bairros e fazer compras nos mercados locais. O andarilho insaciável que existe dentro de mim é perfeito para meu trabalho internacional. Mas ele também já me criou problemas. Em algumas situações, meus colegas e minha equipe não compartilhavam meu amor por tudo que é intercultural. Um dia, eu estava num congresso em Bangcoc com alguns colegas e comentei que conhecia um lugar ótimo onde podíamos degustar de uma excelente comida tribal. Minha sugestão foi quase unanimemente vetada e, para meu desgosto, acabamos indo comer um churrasco no Tony Roma's. Em outra situação, disse com muito entusiasmo para alguns de meus companheiros de viagem que nosso sócio mexicano tinha decidido transferir uma reunião, que ocorreria em breve, para uma aldeia nos arredores da Cidade do México, e não mais na capital em si.

— Você só pode estar brincando — resmungou um deles.

Outro acrescentou:

— Por que perder tempo indo até lá quando podemos muito bem fazer a reunião naquele ótimo hotel onde a gente sempre fica?

Estou aprendendo a não partir mais do princípio de que todos ficarão tão animados quanto eu na hora de se aventurar em um lugar novo. Nós temos vontades e graus de motivação diferentes quando precisamos trabalhar com outras culturas. Tudo bem. Algumas pessoas adoram viajar e conhecer gente e lugares novos. Outros preferem nunca sair do próprio país. No entanto, nos dias de hoje, nenhum executivo pode evitar trabalhar num contexto global. Mesmo sem contar com uma paixão inata por tudo que é diferente, há maneiras de aumentarmos a motivação por um trabalho intercultural. A vontade de ter IC — que é a dimensão motivacional da inteligência cultural — é uma das características mais importantes do modelo da inteligência cultural. Muitas organizações mergulham de cabeça na hora de oferecer treinamento sobre diferenças interculturais — sem primeiro se perguntar se os funcionários estão motivados para se tornarem mais eficientes ao trabalhar com outras culturas. Esse é um dos motivos pelos quais os programas de treinamento de diversidade, muitas vezes, fracassam. Se os funcionários não estiverem motivados para mudar as maneiras como se relacionam com os diversos grupos sociais, o treinamento pode ser pura perda de tempo. Existe uma correlação direta entre o grau de motivação de uma pessoa de se adaptar a outras culturas e seu desempenho subsequente.

Às vezes, nossa relutância em nos motivarmos parte de alguma experiência passada. Veja o caso de Wendy, por exemplo, uma profissional de 37 anos que teve uma criação de classe média alta no interior do estado de Nova York e não está para brincadeiras. Ela estudou na Universidade de Cornell, fez MBA em Harvard e passou sete anos galgando a hierarquia corporativa na cidade de Nova York. Ela anda com uma postura altiva e sua autoconfiança não passa despercebida, além de ter um sorriso caloroso e seguro de si e uma fala articulada. Mas, por todo o período estudantil e profissional, ela sempre foi como uma irmã mais velha para as crianças das comunidades carentes. Há cinco anos, Wendy deu uma guinada violenta na carreira e aceitou ser a CEO de uma ONG dedicada a ajudar crianças que correm perigo.

Ao longo dos seus 15 anos de história, a ONG de Wendy se concentrou principalmente em servir crianças em comunidades menos privilegiadas dos Estados Unidos e do Canadá. Ano passado, a direção instruiu que Wendy começasse a expandir o trabalho da ONG para a América Central. Ela fora contra essa expansão, por achar que a organização acabaria perdendo o foco, mas concordou em fazer uma experiência. Quando a conheci, ela havia passado os últimos seis meses lendo tudo o que podia sobre os desafios enfrentados pelas crianças de lugares como a Cidade do México, Manágua e San Salvador. Ela leu muita coisa sobre as questões culturais de toda a região e estava até melhorando seu espanhol. Quando Wendy concordou em me receber como parte de minha pesquisa sobre lideranças culturalmente inteligentes em ONGs, ela estava a duas semanas de fazer sua primeira viagem para a América Central, em nome da organização.

Wendy me disse:

— Você pode me colocar no meio dos líderes do lado sul de Chicago ou no meio de um monte de ativistas comunitários da região rural de Saskatchewan, no Canadá, e eu saberei o que fazer. Tenho uma sensação muito clara de como posso atender às necessidades das crianças desses lugares. Mas, mesmo depois de ler tudo o que li e ter aprendido tudo o que aprendi, ainda não tenho a menor ideia de como devemos adaptar nossos programas à situação das crianças da América Central.

Para ser franco, senti-me muito incentivado pelo fato de ela não estar totalmente confiante no fato de que os programas da ONG fossem funcionar em outro lugar, mas observei uma reserva em geral na maneira como Wendy se referia à expansão para a América Central. Perguntei:

— E você? Está animada com a viagem?

— Ah, você sabe como é... — respondeu. — A gente se acostuma rapidinho a viajar. Mas vai correr tudo bem. As únicas vezes em que estive lá foram em duas viagens de férias, nas praias do México e da Costa Rica.

Insisti:

— Mas e o que você acha de toda essa nova ênfase na América Central? Está animada com essa nova dimensão do seu trabalho?

E ela:

Não posso dizer que esteja exatamente animada. Estou tentando aprender o que puder para depois passar essa tarefa para outra pessoa, que se dedique a ela de peito aberto. Minha paixão é pelas crianças *daqui*. Isso não quer dizer que eu não me importe com as crianças do resto do mundo, mas meu coração só consegue dar conta até um certo ponto.

Depois de mais um pouco de conversa, Wendy me confessou que já enfrentara dificuldades com homens latinos. Num emprego anterior, ela era muito assediada por um colega americano de origem mexicana, apesar de nunca ter feito uma reclamação formal contra ele. Wendy sabia que não era justo generalizar aquela experiência para todos os homens da América Central, mas não conseguia mudar suas emoções cruas ao pensar em entrar de cabeça num ambiente cheio de homens que a fariam se lembrar daquela experiência.

Apesar do trabalho duro com que Wendy melhorou seu espanhol e dedicou-se a entender a cultura latina, suas reservas quanto a esse projeto intercultural iriam minar sua eficácia. A maioria das abordagens nos trabalhos interculturais se concentra nas informações em como as culturas são diferentes entre si. Mas muitos dos principais desafios da liderança intercultural têm menos relação com informações incorretas e muito mais com a motivação. Sem a devida vontade e a confiança de que tudo vai dar certo, os líderes continuarão em uma luta árdua na hora do trabalho intercultural.

O primeiro passo para liderarmos com inteligência cultural é encarar as questões motivacionais que envolvem a nós e as outras pessoas. Nós *podemos* aumentar a vontade de ter IC. As pesquisadoras Linn van Dyne e Soon Ang descrevem três subdimensões da vontade de ter IC: motivação intrínseca, motivação extrínseca e a autoeficácia.[1] O trabalho delas dá um enorme peso às seguintes estratégias para aumentar a vontade de ter IC: honestidade, autoconfiança, comer e sociabilizar, contar os prêmios e as três linhas de resultado.

COMO AUMENTAR A VONTADE DE TER IC

Seja honesto consigo mesmo.

Avalie seu grau de confiança.

Coma e sociabilize.

Conte os prêmios.

Trabalhe pelas três linhas de resultado (fiscal, humanitário e ambiental).

Pergunta fundamental: Qual é o meu nível de confiança e motivação para essa tarefa intercultural? Se não for muito grande, o que posso fazer para melhorar?

Seja honesto consigo mesmo

A primeira atitude importante para se aumentar a vontade de ter IC é ser honesto consigo mesmo. Quando perguntei como Wendy se sentia sobre a viagem que ia fazer, ela foi capaz de reconhecer honestamente suas reservas em relação a entrar de cabeça na cultura latino-americana. Fazer apenas isso já é um grande avanço.

Alguns de nós adoram experimentar novos tipos de culinária. Já outros fazem qualquer coisa para escapar dessa experiência e preferem comer alguma comida de casa quando viajam para o exterior. Mesmo sendo uma pessoa que se ilumina quando mergulha num lugar novo, são comuns os momentos em que dou de cara com a parede. Não preciso ficar desgostoso, e não é isso o que geralmente acontece. Por exemplo, aqui vai um trecho do diário que escrevi enquanto dava um curso para um grupo de executivos na Malásia:

Estou exausto. Lá nos Estados Unidos, Em está doente e ontem a aula não foi boa. Adoraria poder entrar logo em um avião e voltar para casa. Eu devia saber que não iria conseguir boas respostas ao me dirigir para o grupo inteiro, mas não quis usar a técnica dos grupos menores de discussão ontem. Preciso de uma nova abordagem para hoje.

Avaliar honestamente o próprio grau de interesse numa tarefa intercultural é parte fundamental para se tornar mais inteligente culturalmente. No meu caso, a falta de motivação vinha do fato de eu querer estar em casa, junto de minha filha, que estava doente. E também de eu estar me sentindo cansado e perguntando se estava mesmo tendo sucesso. No caso de Wendy, a falta de motivação se originava do medo.

Klaus, um expatriado da Alemanha que havia sido destacado para uma missão de dois anos em Nairóbi, no Quênia, precisava de um tipo parecido de honestidade. Ele contou do medo que sua família sentiu ao se mudar de Munique para Nairóbi.

A gente desconfiava de todo mundo. Essa não é nossa natureza. Mas tínhamos ouvido tantas histórias de famílias de expatriados que haviam sido roubadas ou de gente que se aproveitara delas [...] Minha mulher relutou em contratar uma empregada doméstica, temendo a convivência com uma queniana em casa. Com o tempo, porém, a gente foi se acalmando. Mas, nos primeiros seis meses, a questão do medo foi um desafio enorme para nós.

É claro que não há nada de errado em cuidar da segurança da família e verificar se realmente estaremos nos sujeitando a uma situação de perigo. Mas quando descobrimos que os medos eram infundados, como foi o caso de Klaus, o desafio passa a ser confrontar os temores medos e seguir em frente.

A honestidade também inclui confrontarmo-nos com os preconceitos que, implicitamente, associamos a certos grupos de pessoas. Repare nos comentários francos e brutais de Sharise, uma executiva de Portland, Oregon:

Será que sou racista? Ontem, quando fui fazer um exame de sangue, um negro entrou na sala. Automaticamente, pensei que ele fosse um técnico de laboratório. Só depois percebi que era um médico. [...] Por que concluí tão rapidamente que ele era um técnico de laboratório? Se ele fosse branco, provavelmente, concluiria que era um médico.

Todos nós temos preconceitos. A questão é se agimos com base neles. Testes de associações implícitas são ferramentas criadas para demonstrar como nossos preconceitos e nossas inclinações afetam a maneira como interagimos com as pessoas, de acordo com a cor, o peso, a idade e a religião delas. Esses testes são fascinantes! Você pode ver alguns deles visitando o site http://implicit.harvard.edu/implicit.* São uma excelente ferramenta para demonstrar os impulsos automá-

---

* Para versão em português, visitar o site http://implicit.harvard.edu/implicit/ brazil (*N. do E.*).

ticos que tomamos em relação a certos grupos culturais. O objetivo é ser honesto quanto aos próprios preconceitos, em vez de fingir que eles não existem. Apesar de nossos preconceitos internos serem automáticos, compreendê-los honestamente pode nos ajudar a controlá-los e a melhorar nossas interações com os demais. Assim, podemos tomar uma atitude deliberada de suspender quaisquer julgamentos que estejamos inclinados a fazer.

Uma ótima maneira de desenvolver a vontade de ter IC é sendo honesto consigo mesmo. Você pode fazer isso simplesmente confessando francamente que não aprecia muito os contatos e as experiências interculturais. Saber que esse sentimento existe já é um bom começo. E aí podemos começar a prestar atenção naquilo que *realmente* nos motivaria em um trabalho intercultural. Faça anotações de tudo, converse com alguém de sua confiança e fale abertamente o que o deixa energizado num trabalho intercultural e o que o deixa estressado, amedrontado ou, simplesmente, desmotivado. A honestidade por si só não é suficiente para nos motivar, mas a vontade de ter IC começa com uma avaliação honesta do nível de interesse no trabalho intercultural.

Avalie o seu grau de confiança

Ser honesto consigo mesmos leva naturalmente à próxima maneira de se aumentar a vontade de ter IC — examinar o nível de confiança para se dedicar ao trabalho intercultural. A autoeficácia é a percepção que temos da capacidade pessoal de cumprir um objetivo. Grande parte da pesquisa apoia a premissa de que o nível de confiança para realizar uma tarefa que alguém se dispõe a fazer é um fator crítico na determinação do resultado.[2]

Wendy demonstrou um alto grau de autoeficácia ao descrever os objetivos mais amplos de sua ONG. O orçamento era 300% maior do que quando ela assumiu o posto, cinco anos antes, e a ONG ajudava um número cinco vezes maior de crianças. E ela estava certa de que a organização continuaria usufruindo do mesmo grau de crescimento pelos próximos cinco anos. Porém, a expansão para a América Central a deixava desorientada. A experiência prévia minava sua confiança de ser capaz de trabalhar lá.

A autoeficácia é um previsor importante para a adaptação a uma nova cultura.[3] Sem um forte nível de autoeficácia, um líder evitará certos desafios e desistirá facilmente ao se ver diante de um revés.[4] Wendy tentou aumentar sua confiança buscando aprender tudo o que pudesse sobre a cultura e as crianças em situação de risco que ela iria encontrar na região. Essa certamente foi uma boa estratégia.[5] O desafio de Wendy era aproveitar esses novos conhecimentos para aumentar sua autoconfiança para trabalhar na América Central. Temos mais chances de obter sucesso em contextos interculturais se acreditarmos que realmente teremos êxito.

Na minha situação, rever a pouca motivação e confiança para dar o curso na Malásia me levou a mudar de tática espontaneamente naquele dia. Nós deveríamos dar continuidade a um tema que tínhamos começado no dia anterior — treinar e ser mentor de alguém. Eu sabia que podia passar tudo o que estava na apostila, mas não tinha certeza de que conseguiria fazer os alunos debaterem mais do que já haviam feito na véspera. Naquela época, eu vinha pensando bastante sobre culturas organizacionais, e várias das conversas informais que tive com os participantes daquele seminário versavam sobre questões que aconteciam nas diversas organizações em que eles trabalhavam. E, assim, passei para esse tópico, pois tinha mais confiança de trabalhá-lo com eles. Fizemos uma série de exercícios em que eu lhes mostrava várias culturas organizacionais e sugeria maneiras concretas de utilizar os insights que haviam tido. Tive de lidar com um certo conflito que foi gerado por alguns dos participantes, que queriam ter certeza de que daríamos conta de todas as técnicas de treinamento e da arte de ser mentor que o programa prometia — uma preocupação absolutamente válida e que acentuava os valores culturais deles. Mas a essa altura o salão ganhara vida. Pode ter sido o conteúdo e o novo assunto, mas pode muito bem ter sido por causa da mudança em minha sensação de confiança de que esse seria um ponto que poderia fazer com que nos entrosássemos melhor. Nossa sensação de confiança para determinadas tarefas varia de acordo com a situação e o contexto. Aumentar a própria confiança ajuda a aumentar a vontade de ter IC.

Coma e socialize

Além da honestidade e da autoconfiança, uma questão motivacional muito mais concreta é comer e socializar com as pessoas. A comida é um dos assuntos mais comuns nas discussões com os viajantes internacionais. Muitas pessoas que viajam a negócios descrevem os desafios de comer coisas incomuns e a experiência "medonha" de jantar na casa de pessoas que parecem totalmente insensíveis ao nojo que o visitante tem pela comida local. Aini, uma executiva da Indonésia, falou comigo sobre o desafio que ela enfrentou em sua primeira viagem de negócios aos Estados Unidos. Ela disse:

> Ainda não consegui gostar das verduras cruas do jeito que vocês, americanos, tanto gostam. Vocês fazem saladas enormes, mas elas não me parecem apetitosas. E depois de ver o jeito como vocês empacotam e congelam os frangos, não consegui mais comer o frango desfiado que colocam nas saladas. Não pode ser tão fresco como os que a gente compra nos mercados de Jacarta. Quando compro peixe ou frango na Indonésia, posso ver a cara dele, antes de ser picado. Mas só de passar pela seção de carne dos supermercados americanos meu estômago embrulha. Detesto a hora das refeições quando estou nos Estados Unidos.

É bem irônico ver Aini descrever a aversão que ela sente ao ver frango congelado da mesma maneira como muitos americanos descrevem a experiência nauseante de ver a carne fresca pendurada nos mercados da Ásia. O nojo que ela sente pela comida americana não a prejudica tanto nos Estados Unidos como poderia acontecer em outros lugares. Na maioria das vezes, a comida tem um papel funcional na cultura americana. Ou seja, comemos para trabalhar. Se Aini tivesse vindo me visitar em casa, teria lhe dito: "Não coma nada que você não queira. Para nós, não tem importância." E, na maioria das vezes, não teríamos nos importado mesmo. Mas, em muitas partes do mundo, a comida está firmemente arraigada à vida dos indivíduos. Passei por experiência em que anfitriões indianos prepararam refeições para mim usando temperos que eles plantavam na horta de casa há centenas de anos. As melhores comidas indianas demoram semanas para serem preparadas. Em um contexto como esse, não aceitar um prato que foi preparado especialmente para você é uma ofensa muito maior do que recusar uma comida que você não aprecia. Pode ser visto como uma rejeição total à cultura do lugar. E quanto ao hábito de comer com talheres em vez de comer com as mãos, um de meus amigos indianos disse o seguinte:

— Comer com talher é igual a fazer amor com a ajuda de um intérprete!

Acho que isso já diz tudo sobre o carinho que a maioria dos indianos tem pela sua culinária. Rejeitar a comida de um colega indiano pode ser algo extremamente desrespeitoso e acabar com qualquer possibilidade de firmar uma sociedade profissional. Quem iria pensar que a comida poderia ter um papel tão importante em sua performance global?

Edwin, executivo inglês de uma empresa que está na Fortune 500 e que viaja com frequência para o Sudeste Asiático, comenta a grande vantagem que seu amor por experimentar comidas novas desempenhou nas estratégias de negociação. Edwin fez a seguinte observação, ao comentar suas viagens regulares ao Sudeste Asiático:

Meus anfitriões sempre querem me levar a lugares que tenham comida ocidental. Por isso ficam maravilhados quando digo que realmente gosto da comida local. Sempre acontece de eles me dizerem o quanto é atípico terem um visitante ocidental que seja tão aventureiro quanto eu. Macarrão apimentado, frutos do mar exóticos, cobras, rãs, insetos... eu já provei diversas coisas interessantes. [...] É nesses longos jantares depois de um dia inteiro no escritório que acontecem as verdadeiras negociações. E estou convicto de que essa é uma das estratégias mais importantes para os executivos internacionais.

Edwin também reiterou que a maioria dos contratos que negociou no Sudeste Asiático aconteceu durante essas refeições em grupo, e não durante as reuniões formais. Você não tem de ser tão aventureiro quanto ele para sentir um pouco do valor que surge ao experimentar iguarias novas. Fazer uma tentativa sincera de provar algo novo abre muitas portas. Para aqueles que não gostam nem de pensar no assunto, aqui vão algumas estratégias para serem consideradas:

- Tente pelo menos comer um pouco.
- Nunca pergunte o que é. Às vezes, a ideia faz a coisa parecer pior do que o gosto real. Vá em frente e coma, a não ser, obviamente, que você tenha alguma alergia.
- Corte tudo em pedacinhos e engula rapidamente.
- Se a textura o incomodar, junte bastante arroz, macarrão ou pão para dar uma textura mais firme.
- O abacaxi ajuda a tirar um pouco do efeito das comidas mais quentes e picantes, enquanto a Coca-Cola aumenta a força. Coma e beba levando isso em conta.
- Se você não sabe exatamente *como* comer (se é com as mãos ou se é preciso descascar), pergunte. A maioria dos anfitriões vai adorar lhe mostrar.

- Encontre algo na comida que você aprecie e faça tudo o que puder para evitar uma expressão facial de nojo. Você está sendo *observado*!
- Pergunte ao anfitrião sobre um eventual significado que aquele prato tenha para ele, seja pessoalmente ou para a cultura.
- Cuidado! Você pode se ver ansioso para comer coisas novas quando voltar para casa.

Na maioria das culturas, comer com alguém tem um valor simbólico muito maior do que simplesmente "fazer uma boquinha". Compartilhar uma refeição muitas vezes pode ser visto como um acontecimento sagrado. O mesmo vale para muitos lugares onde somos convidados para ver as atrações turísticas. Um executivo americano que esteja visitando uma filial da empresa na Tailândia pode achar que um passeio pelo rio Chao Phraya a bordo de um táxi fluvial é pura perda de tempo. E um executivo alemão pode achar que experimentar a culinária local com alguns burocratas quenianos pode ter pouca influência para conseguir a permissão de construir uma fábrica. No entanto, as pesquisas provam exatamente o contrário. O nível de interesse em se conectar com a cultura e com as pessoas locais como um todo afetará diretamente os resultados do trabalho de maneiras sutis, porém profundas. Além do mais, embora um passeio turístico possa parecer perda de tempo para os habitantes dos países industrializados e desenvolvidos, isso demonstra respeito pela história e pelas tradições de uma cultura e de seu povo, e ajuda a desenvolver relacionamentos com os colegas que vivem em outro contexto. As pessoas que vêm de culturas com menos ênfase na história geralmente não percebem o quanto isso é importante.

Algo que descobri com toda a comilança e vida social é que as diferenças culturais são mais pronunciadas no ambiente social do que no ambiente de trabalho. Por exemplo, um programador de software geralmente consegue falar "em código" com outro programador e encontrar imediatamente um denominador comum. O mesmo vale para um sociólogo brasileiro e outro alemão ou para um CEO chinês e um canadense. Sem dúvida, há diferenças e problemas num ambiente de trabalho intercultural, mas, de maneira geral, podemos nos relacionar mais facilmente com os colegas profissionais ao falar de trabalho do que quando nos aventuramos no contexto social. Muitos dos ambientes de trabalho têm certas normas culturais que dão algumas dicas de como se comportar. E a maioria dos principais desafios interculturais vivenciados pelos estrangeiros acontece no jantar após o trabalho.

Consequentemente, a energia exigida para interagirmos socialmente com pessoas de outra formação cultural geralmente nos leva a restritos aos contextos mais conhecidos e socialmente confortáveis. Executivos que fazem viagens curtas normalmente se sentem mais à vontade viajando com outros colegas do escritório e comendo uma comida com a qual já estão acostumados. Já aqueles que precisam ir morar no exterior muitas vezes preferem se fechar na colônia dos outros estrangeiros que lá trabalham do que participar ativamente da vida local. Entretanto, nossas chances de obter sucesso num cenário intercultural diminuem muito quando nos afastamos dele ou nos restringimos a um grande grupo de compatriotas. Quando chegamos a um novo ambiente como um grupo de *outsiders*, construímos um grupo de apoio e um ponto de identificação automático. E assim, não nos sentimos tão motivados para interagirmos com o cenário local.[6]

Precisamos relacionar essa prática de IC — comer e socializar — com aquela que discutimos primeiro, que é ser honesto consigo mesmo. As pessoas mais introvertidas, particularmente, vão se sentir exaustas com todo o trabalho duro de socializar-se interculturalmente. E todos nós encontraremos ocasiões, especialmente quando estivermos inseridos num longo e constante trabalho intercultural, em que sentiremos vontade de nos recolhermos um pouco, seja para passar algum tempo com as pessoas de um contexto cultural mais conhecido ou para passar um tempo sozinho com alguns dos confortos de nosso país. Acredito que qualquer viajante de negócios possa sobreviver alguns dias sem o McDonald's ou o Starbucks. E sempre tem uma hora em que os confortos de casa podem nos ajudar a sustentar a vontade de ter IC. Não há nada de errado em se recolher de vez em quando para recarregar as baterias. Mas, se não tomarmos cuidado, vamos nos ver cada vez mais afastados da cultura local. E o que deveria ser só uma recarga de bateria acabará acontecendo à custa do engajamento com a cultura local.[7] Ao procurar uma comida conhecida ou buscar um exemplar do *USA Today* no caminho para uma mesa de negociação podemos perder, por causa disso, excelente oportunidade de alavancagem. Portanto, pense duas vezes antes de ir comer no McDonald's e escapar do próximo convite para jantar.

Conte os prêmios

Os medos, o cansaço e as ansiedades que acompanham o trabalho intercultural podem ser avassaladores, mas continue firme, porque as recompensas podem ser excelentes. E não estou falando só de milhas de viagem conquistadas e presentinhos para a família. Existem alguns benefícios tangíveis para os líderes que aprendem a se adaptar com sucesso a culturas diferentes. Dar um passo atrás para considerar os benefícios é uma maneira importante de motivar a si e as outras pessoas a estar sempre desenvolvendo sua inteligência intercultural. Aqui estão alguns dos prêmios que decorrem de insistir nos desafios e nas oportunidades da liderança intercultural:

- *Avanço na carreira*. Um número cada vez maior de organizações exige que qualquer pessoa que queira integrar a alta diretoria deva primeiro ter sucesso ao trabalhar numa equipe multicultural. Atualmente, várias empresas exigem pelo menos duas missões internacionais antes que um profissional venha a ser considerado para um cargo de alto escalão. Jack Welch, ex-presidente da General Electric, declarou: "O Jack Welch do futuro nunca poderá ser alguém como eu. Passei a vida inteira nos Estados Unidos. O próximo presidente da GE vai ser alguém que tenha passado algum tempo em Bombaim, Hong Kong e Buenos Aires."[8]

- *Criatividade e inovação.* Aprender a negociar e a expandir internacionalmente forja um senso de criatividade que não pode ser adquirido de outra maneira. A arte da negociação já é um desafio para pessoas de uma mesma cultura. Mas aprender como chegar a um resultado em que os dois lados ganham ao lidar com múltiplas formações culturais gera um sentimento de inovação e criatividade que pode ser aplicado a diversas outras facetas da vida e do trabalho. Uma coisa é entender as diferenças culturais entre a cultura chinesa e a alemã, outra é ter descoberto uma maneira criativa de desenvolver um relacionamento que atinge os respectivos objetivos de performance ao mesmo tempo que demonstra respeito e dignidade pelas duas culturas.

- *Expansão da rede de contatos global.* As redes sociais são a última palavra de hoje em dia. Interagir com indivíduos de várias formações culturais, tanto no próprio país quanto no resto do mundo, pode ser muito enriquecedor e abrir todos os tipos de oportunidades adicionais. Observe as oportunidades pessoais e profissionais que existem ao se conectar com indivíduos de uma vasta gama de nacionalidades diferentes e contatos simplesmente ao sair da sua zona de conforto e entrar em novos contextos.

- *Salários e lucros.* Como 70% de todos os empreendimentos internacionais fracassam, muitas organizações estão dispostas a pagar caro por talentos que consigam ter êxito em situações interculturais, pois, agindo assim, terão lucros mais altos. Não é preciso muito esforço para ver os benefícios para a organização, assim como para o indivíduo, quando calculamos os custos e os prejuízos de um líder que seja *ineficiente* em trabalhar com culturas diferentes. Pense no seguinte:

- Quantos executivos de alto escalão já tiveram de lidar com o fracasso de um empreendimento intercultural? Quanto eles ganham? Tente ver quanto eles ganham por hora. Quantas horas foram perdidas por líderes de alto escalão tendo de lidar com esse tipo de situação? Algumas reuniões por semana já somam centenas de horas multiplicadas pelo salário desses executivos.
- Acrescente o custo do resto da equipe que participou do empreendimento.
- Depois, acrescente o custo de oportunidades perdidas, por causa de toda a energia desperdiçada para tratar do assunto.
- E, então, imagine o custo que tudo isso tem para o moral da organização e o futuro crescimento dela.

Já deu para entender, não? No entanto, se não tomarmos cuidado, é fácil ver a inteligência cultural como um belo ideal e perder a relação que ela tem com a demonstração de resultado do exercício. Está provado que priorizar a inteligência cultural numa organização realmente exerce um papel no aumento das margens de lucro.[9] Por isso, um salário mais alto para quem consegue fazer um bom trabalho internacional é um investimento que vale a pena.

Existem, portanto, alguns prêmios comprovados que vêm com um belo trabalho intercultural. Premiar a nós mesmos e aos membros da equipe que sabem realizar bem esse tipo de função é uma maneira que ajuda a aumentar nossa vontade de ter IC.

Trabalhe pelas três linhas de resultado

Embora os motivadores extrínsecos, como o avanço na carreira e o salário, sejam absolutamente válidos, em algum ponto os líderes culturalmente inteligentes precisam considerar algo maior como fonte constante de motivação para um comportamento culturalmente inteligente. No fim das contas, uma causa maior se faz necessária para sustentar a vontade de ter IC.

Peter Wege, ex-presidente da fabricante de móveis de escritório Steelcase, popularizou a expressão *três linhas de resultado* querendo dizer que uma empresa precisa ser igualmente responsável pelos lucros fiscais, pelo bem-estar das pessoas e pelo meio ambiente. Ele argumenta que essas três áreas são a medida para o sucesso de uma empresa nos dias atuais.[10] Um movimento cada vez maior de executivos de alto escalão se pergunta: o que vem com os lucros que geramos? Como nosso trabalho afeta o meio ambiente? Será que estamos gerando sofrimento, desespero e injustiça enquanto buscamos o lucro?

Em algum nível, todas as empresas precisam ter um lucro fiscal. Nem mesmo as ONGs conseguirão atender às necessidades de seus "clientes" sem algum tipo de viabilidade econômica. E, sem dar lucro, uma organização não pode continuar a existir. Ironicamente, as outras duas linhas de resultado — a responsabilidade ambiental e o bem-estar social — não precisam entrar em conflito com os lucros fiscais. Essas três áreas podem servir umas às outras. Em alguns momentos será necessário abandonar uma oportunidade lucrativa, porque ela viola as outras duas linhas. Contudo, a ênfase aqui é mais no sentido de como operamos e utilizamos o dinheiro que ganhamos. Afinal, ele pode ser utilizado para oferecer oportunidades e poder a pessoas, para sustentar a vida — ou pode ser usado para destruí-la.[11]

As três linhas de resultado são indispensáveis umas às outras, especialmente quando operamos em um mercado com uma força de trabalho globalizada. No mundo inteiro muitas empresas percebem que, para ter sucesso, é preciso respeitar e ganhar a confiança dos consumidores. Não é só uma questão de obedecer às leis e aos regulamentos. Seja em questões de segurança, trabalho infantil ou discriminação na hora de contratar, os clientes estarão sempre observando a forma como trabalhamos.

Uma motivação mais profunda e altruísta é muito melhor para a IC do que simplesmente buscar os mercados globais por interesses egoístas. A bem da verdade, a inteligência cultural não pode existir sem pelo menos um pouco de amor pelo mundo e pelas pessoas.[12] Na verdadeira base da inteligência cultural está o desejo de aprender sobre — e com — os outros. Portanto, temos de ter cuidado antes de entrar em contextos culturais de outros grupos sociais e impor nossa visão de mundo sobre eles. Em vez disso, as operações globais vão nos dar a chance de obter crenças e insights mutuamente benéficos nas relações intercontinentais.

O que poderia ser uma motivação mais transcendente para os leitores dos Estados Unidos? Talvez um alerta deva ser feito especificamente para esse caso. Por muitos anos, as pessoas tiveram a sensação de que um líder americano seria bem-vindo em qualquer lugar do mundo, graças a nossos produtos, nossos serviços e nossas ideias. Mas, nos últimos anos, houve uma mudança considerável na maneira como as pessoas veem os Estados Unidos e o que significa trabalhar com americanos. Os executivos internacionais de empresas, governos e ONGs sussurram atrás de portas fechadas sobre a maneira como os americanos vivem em suas próprias bolhas, sem muita interação verdadeira com os correspondentes do resto do mundo, e menos ainda com os cidadãos locais. Um conselheiro de política externa falou a Fareed Zakaria, da revista *Newsweek*: "Quando conversamos com os membros do governo americano, eles falam e nós ouvimos. Raramente discordamos ou falamos de maneira franca, pois eles simplesmente não escutam."[13] Kishore Mahbubani, ex-secretária das relações exteriores de Singapura e embaixadora nas Nações Unidas, colocou da seguinte maneira: "Existem dois tipos de conversa. Uma em que os americanos estão presentes, e outra em que não estão."[14] É claro que chegamos a essa reputação dominando o mundo em muitas frentes durante o último século. Mas à medida que mercados emergentes continuem a ganhar espaço — especialmente a China, a Índia, a Rússia e o Brasil —, teremos de sair do papel de superpotência e passar mais ao de operador global. Se nos postarmos com um espírito mais aberto, de colaboração, e até ceder em alguns pontos, nós podemos voltar a ter a reputação de um país conhecido por suas próprias inovações e, como diz Zakaria, "um lugar onde gente do mundo inteiro pode trabalhar, se misturar e compartilhar um sonho e um destino comum".[15] Os executivos dos Estados Unidos não precisam perpetuar a triste síndrome americana, nem são obrigados a deixar de exercer um papel fundamental nas questões globais. Mas precisamos remodelar nossa perspectiva sobre o que temos a oferecer e a ganhar com os mercados internacionais.

Por outro lado, enquanto alguns líderes de economias emergentes podem até apreciar, secretamente, uma menor influência da cultura ocidental, eles também precisam tomar sua dose de cuidado. Esses líderes deveriam considerar como usar a influência e o poder cada vez maiores que têm para ajudar outros países em desenvolvimento a ganhar um lugar à mesa. Líderes de lugares como a China ou a Arábia Saudita podem se identificar imediatamente com a sensação de ser o "primo pobre" e, com isso, aumentar seu altruísmo e ajudar os outros. Eles podem até pensar numa manobra contraintuitiva e se juntar aos líderes de países como Japão, Alemanha e Estados Unidos para ajudá-los a se reinventar nessa nova era de globalização. Essas são razões muito mais instigantes para trabalhar com eficiência intercultural do que simplesmente correr atrás de interesses egoístas.

O chamado para um objetivo maior também pode exercer um papel poderoso na hora de aumentar a vontade geral de ter mais IC. Na verdade, talvez a melhor maneira de Wendy aumentar sua autoconfiança para a viagem e o trabalho na América Central seja explorar sua vocação humanitária. Como CEO de uma organização dedicada a ajudar crianças pobres, ela se preocupa imensamente com a busca de igualdade e justiça para todas elas. Fazer uso de suas motivações altruístas para ajudar crianças pode ser exatamente o que ela precisa para incentivá-la a persistir, apesar dos atritos culturais que Wendy acredita que vai encontrar. O mesmo vale para Klaus, o imigrante alemão em Nairóbi. Alguns dos medos que Klaus e a família sentem por morar no Quênia poderão ser atenuados quando ele deixar de ver os quenianos tão somente como aqueles a serem utilizados para fazer sua empresa progredir. Quando passar a apreciar a oportunidade e o encanto de trabalhar e se relacionar com os quenianos, Klaus fará uma descoberta que mudará sua vida.

A vontade de ter IC se encontra latente dentro de nós. O desafio para nós, líderes, é ver nossa existência não apenas em termos de nossos próprios interesses, mas também daquilo que está acima de nós. Se tudo o que nos move for somente ter mais poder, dinheiro e sucesso, vamos nos dar mal. Mas quando nós e nossas organizações utilizarmos as três linhas de resultado, as encaixarmos àquilo tudo que é maior que nós e usarmos sabiamente o resultado, poderemos assumir nosso papel em um quadro mais amplo do mundo e nos vermos dotados de mais energia para desempenhar todo o trabalho duro da liderança intercultural. A vida fala de coisas que são maiores que nós.[16]

Conclusão

A vontade de ter IC vai além da animação de visitar um lugar novo. É aquela perseverança que precisamos ter quando a sensação de novidade se vai e as diferenças começam a cobrar um preço. Temos de ser maiores que nossos medos e estar dispostos a correr riscos, e crescer na capacidade de saber operar bem num lugar que nos parece estranho. Experimentar comidas novas, aprender um pouco da cultura local e seguir em frente, mesmo com todo o trabalho de se relacionar em situações interculturais, proporciona muitos benefícios.

As equipes profissionais normalmente dispõem de um alto nível de motivação para realizar uma tarefa específica. Os programadores de software que trabalham com colegas virtuais de vários lugares querem cumprir prazos. Os designers querem ter certeza de que o pessoal da fábrica vai exatamente o produto que eles idealizaram. Médicos e enfermeiras querem diagnosticar corretamente o que está deixando um imigrante doente. As empresas de contabilidade querem que planilhas perfeitas sejam analisadas por uma equipe de várias nacionalidades. Se esse tipo de desempenho bem-sucedido é o que mais o motiva, use essa motivação para se obrigar a comer pratos um tanto exóticos, se esforçar para saber sobre o que conversar e aprender a ver o mundo sob a óptica daqueles que você encontrar. Isso tudo aumentará sua eficácia. Apesar de o trabalho de IC nunca chegar ao fim, quanto mais nós o realizarmos mais ele passará a ser comum e confortável. Não sei se ele chega a ficar fácil, mas os benefícios de perseverar ao longo desses desafios são enormes, tanto em termos de como ele o auxiliará a realizar seus objetivos profissionais quanto como um portal que lhe permite ver o mundo através de um olhar diferente.

A vontade de ter IC é o primeiro passo na direção de se ganhar os benefícios da inteligência cultural. Nós podemos começar encarando honestamente nossos medos, nossos preconceitos e nosso grau de confiança. E lembre-se de que aquele Big Mac ou aquela salada que você tanto gostaria de comer em Xangai pode acabar lhe custando um contrato! Mas se você experimentar os olhos de peixe que lhe oferecerem, poderá acabar ganhando amigos, a conta de um cliente importante e dar mais um passo para tornar o mundo um lugar melhor para se viver.

MELHORES PRÁTICAS PARA A VONTADE DE TER IC

1. *Calcule os custos pessoais, organizacionais e globais ao não priorizar a inteligência cultural.* Uma avaliação honesta pode motivar rapidamente você e sua equipe a aumentar a IC.

2. *Conecte sua tarefa intercultural com outros interesses.* Se você não tiver uma motivação natural para experimentar culturas diferentes, descubra uma maneira de ligar sua tarefa a algo que o interesse. Se você gosta de arte, que tipo de expressão artística poderia descobrir? Se adora esportes, descubra quais são os prediletos dos habitantes locais. Se você é um especialista em culinária, as opções são infinitas. Se for daqueles que almoça, janta e dorme pensando em trabalho, veja se consegue ter um novo insight sobre negócios.

3. *Aceite toda e qualquer missão intercultural que estiver disponível.* Ter uma experiência direta de trabalho em situações interculturais, ver aqueles que desempenham isso com sucesso e aprender fazendo é uma das maneiras mais importantes de ganhar a confiança para fazer mais vezes. Ter múltiplas experiências internacionais, sejam elas profissionais ou não, é um dos melhores métodos de se desenvolver a vontade de ter IC.[17]

4. *Experimente as especialidades locais.* A maioria dos lugares mundo afora está ganhando mais variedade em matéria de comida. Saia da rotina e experimente novos pratos. E, especialmente quando estiver visitando um lugar novo, pelo menos procure experimentar um pouco da culinária local. Corte a comida em pedacinhos e engula rápido, se precisar. Mas não deixe de comer, comer e comer!

5. *Viva buscando algo mais.* Nós fomos feitos para fazer algo mais do que trabalhar até morrer e ganhar dinheiro. Alguns de nós gostam de adotar grandes causas. Outros vão ser mentores de executivos e melhorar a vida deles. A inteligência cultural oferece um modo de tornar o planeta um lugar melhor.

CAPÍTULO 4

ESTUDANDO A TOPOGRAFIA:
O CONHECIMENTO DE IC (PASSO 2-A)

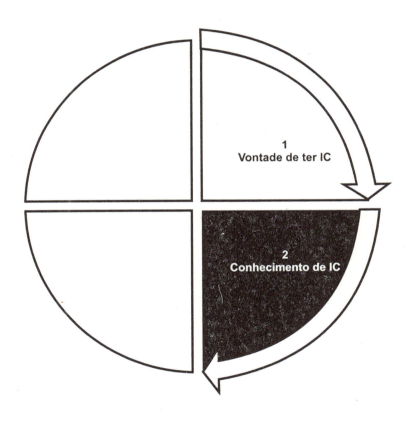

PASSO 2: CONHECIMENTO DE IC: O que eu tenho de saber?
Entendendo as questões e as diferenças interculturais

Perfil de um líder com grande conhecimento de IC:	Líderes com grande conhecimento de IC têm uma compreensão rica e organizada do que é uma cultura e como ela afeta a maneira como as pessoas pensam e se comportam. Eles possuem um conjunto de conhecimentos dos pontos em que as culturas são semelhantes e onde são diferentes. Eles entendem como a cultura forma o comportamento.

— **P**or favor, será que a gente poderia comer alguma coisa *normal* esta noite?

Este é o tipo de pergunta que estou mais que acostumado a ouvir, especialmente depois de passar muitos anos trabalhando em todo tipo de contexto cultural. Mas, dessa vez, quem estava pedindo era minha própria filha! Eu tinha levado a família para me acompanhar numa viagem de trabalho de três semanas pelo Sudeste Asiático. Apesar de a comida ocidental estar absolutamente disponível na maioria dos lugares por onde passávamos, minha esposa e eu estávamos aproveitando ao máximo a oportunidade de desfrutar da excelente culinária asiática. Olhando direto para aqueles brilhantes olhos azuis, respondi:

— Emily, você quer comer alguma coisa *normal*? — falei com ênfase e sarcasmo na palavra *normal*. — Não é possível comer algo mais normal do que arroz. Você tem ideia de quantas pessoas comem arroz no mundo? É a coisa mais *normal* que existe.

Antes que eu pudesse prosseguir, minha mulher me encarou com *aquela cara*, você já deve imaginar qual. Não precisou falar nem mais uma palavra. Eu já sabia que significava alguma coisa do tipo *Deixe a sua palestra intercultural para outra hora. Vamos comer um hambúrguer com batata frita.* Dois minutos depois, estávamos na fila de um Burger King. Mas, nesse caso, não havia nada a temer. Eu não ia perder nenhum contrato com um cliente.

O etnocentrismo — avaliar as pessoas e a cultura delas pelos padrões das próprias preferências culturais — é algo que se encontra por toda parte. Ver o mundo à luz das próprias experiências e formação cultural é inevitável. No entanto, ignorar o impacto do etnocentrismo na maneira como lideramos é o maior obstáculo para um bom conhecimento de IC. A maioria de nós tende a subestimar até que ponto somos um produto de nossa cultura. É muito mais fácil ver isso nos outros. A pergunta de Emily partiu de uma premissa explícita e que orienta a vida de muitos: *Minha experiência é a normal e a melhor.* Hoje em dia, Emily consegue ver em mim os mesmos pontos cegos culturais que consigo ver nela. Um dia desses, passamos de carro por uma casa iluminada por lâmpadas fluorescentes verdes, num bairro que, fora isso, era cheio de casas cor de areia.

— Nossa, que coisa mais esquisita! — falei.

E Emily, na hora:

— Pai, você não está querendo dizer "diferente"?

Touché! Eu costumo ser mais sensível e tolerante com as diferenças nos lugares distantes do que quando as encontro perto de casa. Será que é tão importante assim pensar que uma casa com luzes neon e uma comida exótica são esquisitas ou "anormais"? Talvez sim, talvez não. Mas não perceber como a cultura forma a maneira como as pessoas pensam e se comportam não apenas é uma idiotice como também sai caro. De um negócio do tamanho do Wal-Mart até uma simples quitanda familiar, no mundo inteiro as pesquisas mostram um alto nível de fracassos quando uma expansão para os mercados internacionais é feita sem que os indivíduos se conscientizem de como as outras culturas pensam e se comportam.

Depois de oito anos de luta na Alemanha, o Wal-Mart acabou vendendo as 85 lojas que tinha no país. Muitos jornalistas traçaram teorias sobre o que teria levado a esse fracasso, dado o enorme sucesso que a empresa tem nos Estados Unidos, mas o ponto em que todos concordavam era que o principal erro da rede foi ignorar as diferenças culturais entre Estados Unidos e Alemanha. A empresa tentou aplicar sua fórmula de sucesso no país de origem ao mercado alemão sem tentar modificá-la. Se era o tipo de produto que ela oferecia, a forma como eles eram mostrados ou as políticas no manual dos empregados, o fato é que a entrada do Wal-Mart na Alemanha parece ser um estudo de caso do que acontece quando não se dá mais atenção ao poderoso papel da cultura. O resultado foi que a empresa teve de arcar com um prejuízo de 1 bilhão de dólares.[1]

Mesmo que uma organização nunca vá para outro país, é impossível ser um líder eficaz sem saber como a cultura forma os pensamentos e o comportamento das pessoas. Nesse sentido, Edgar Schein, autor do best-seller *Cultura organizacional e liderança*, diz que é impossível separar a cultura da liderança. Schein afirma que as normas culturais influenciam de forma significativa a maneira como definimos a liderança — por exemplo, quem é promovido, o que é sucesso e como motivar os empregados. Ele argumenta que *criar e gerenciar a cultura* é tudo o que realmente tem importância para um líder. Ainda escreve que "o talento crucial dos líderes é sua capacidade de entender e trabalhar com uma cultura" — tanto a da organização quanto as culturas étnicas e sociais que eles encontram.[2] Não despreze a compreensão de uma cultura como se fosse apenas uma pieguice politicamente correta. É ela que vai definir sua liderança.

A capacidade de entender e trabalhar numa cultura não vem só pela intuição. Ela exige um esforço disciplinado de aumentar sua competência do entendimento cultural ou conhecimento de IC. Esse conhecimento, que é o segundo passo do ciclo, refere-se ao nível de compreensão de uma cultura e de como as culturas são diferentes. Neste e no próximo capítulo, vamos fazer um resumo dos conhecimentos culturais que os líderes mais precisam. As subdimensões do conhecimento de IC são os sistemas culturais, as normas e os valores culturais.[3] Essas subdimensões aparecerão nas estratégias que utilizaremos para desenvolver o conhecimento de IC. Primeiro, vamos aprender como ver uma cultura e o papel que ela exerce na forma de pensar e liderar e nos comportamentos. Depois, faremos um resumo dos valores e sistemas culturais mais importantes que devem ser compreendidos. E concluiremos analisando o valor de se falar várias línguas. Dado o volume de informação relevante para o conhecimento de IC, o material do Passo 2 foi dividido em dois capítulos. Você pode dar uma olhada nessas informações e depois voltar com mais calma, na hora de colocar em prática esse segundo passo da inteligência cultural, ao se preparar para uma determinada tarefa intercultural. Neste capítulo, veremos primeiro as duas maneiras de se desenvolver o conhecimento de IC: (1) o papel que a cultura exerce na sua vida e na das outras pessoas e (2) um resumo dos sistemas culturais básicos.

COMO DESENVOLVER O CONHECIMENTO DE IC

Ver o papel que a cultura exerce em sua vida e na das outras pessoas.

Um resumo dos sistemas culturais básicos.

Aprender os valores culturais cruciais.

Entender outras línguas.

Pergunta fundamental: Qual é o entendimento cultural que tenho de ter para uma determinada missão intercultural?

Ver o papel que a cultura exerce em sua vida e na das outras pessoas

Um método para aumentar o conhecimento de IC é vendo a maneira como a cultura dá forma àquilo que vemos, pensamos e fazemos. Isso significa compreender o nosso centro cultural e também o dos outros.

Nosso centro cultural é aquele núcleo interior que dá forma ao jeito como vivemos e damos sentido ao mundo. Essa compreensão começa tornando a noção de cultura mais explícita.

Um dia, meu amigo Vijay me levou a um jogo de críquete em Déli. Fui porque queria acompanhá-lo, e não porque tinha algum interesse no jogo. Eu já tentara ver algumas partidas na televisão, mas sempre me senti completamente perdido. Mas Vijay foi um excelente professor. Enquanto eu acompanhava o jogo naquele calor sufocante, ele começou a me explicar as regras básicas, o uso dos *wickets*, como eram contados os pontos e o objetivo final de conseguir eliminar todos os rebatedores do time adversário. O jogo não apenas começou a fazer sentido como acabei me sentindo atraído pela animação do campeonato. Teria sido muito ridículo se eu tivesse entrado em campo para jogar, mas pelo menos passei a entender o que acontecia em campo, enquanto os profissionais jogavam.

O conhecimento de IC fornece um entendimento e uma perspectiva semelhantes em relação às culturas com as quais, como líderes, interagimos. Ele envolve compreender as regras, mesmo as que não são verbalizadas, que estão por trás dos comportamentos que aparecem em uma determinada cultura — seja em um grupo étnico, em uma cultura organizacional ou nas subculturas de um partido político ou de um grupo religioso. O objetivo desse novo entendimento não é ficar parecido com os indivíduos daquele grupo cultural ou jogar os jogos deles. O objetivo é entender e apreciar as regras por trás da vida e da sociedade em geral. O conhecimento de IC começa ao se entender o poderoso papel que a cultura exerce em nossa vida e na vida dos outros.

Basicamente, o termo *cultura* é uma forma de descrever como e por que as pessoas fazem o que fazem. Os jogadores e os torcedores de críquete não pensam conscientemente nas regras e em toda a lógica por trás do jogo, mas essas regras dão forma a tudo que acontece no campo. Do mesmo modo, a cultura se compõe das regras e da lógica por trás da vida que se desenrola em um determinado contexto.

A forma mais conhecida de se pensar num grupo cultural são as culturas nacionais — as regras, os costumes e os valores compartilhados pelo povo que habita um país. A Suíça, por exemplo, tem uma cultura nacional, mesmo que aquele país tenha uma série de regiões, cada uma com as próprias línguas e tradições étnicas. Existe uma maneira geral de se ver o mundo que é comum à maioria do povo suíço. Compreender as diferenças entre as várias culturas nacionais é um bom ponto de partida para o conhecimento de IC. Embora existam muitas subculturas dentro de quase todos os países, a cultura nacional é a orientação cultural que dá forma à maneira como a maioria dos indivíduos pensa e se comporta.

A outra cultura que os líderes encontram com mais frequência é a cultura organizacional. As organizações e as profissões têm seus próprios sistemas de valores, suas normas e seus modos de ver as coisas. As empresas têm maneiras diferentes de celebrar suas vitórias, de motivar seus empregados e de contar suas histórias. O mesmo vale para universidades, hospitais e igrejas. E existem inúmeras outras subculturas que encontramos dia sim, dia não, inclusive as culturas organizadas em torno das diferenças entre gerações, orientação sexual, sindicatos, hobbies, religiões e das regiões dentro de um país. Todos nós fazemos parte de inúmeros contextos culturais diferentes, assim como as pessoas com que lideramos.

Nós não somos meros recipientes passivos de cultura nesses contextos diversos. A cultura não é algo que simplesmente acontece em nossa vida; ao contrário, somos ativos criadores de cultura. Muitos líderes recebem culturas organizacionais com práticas muito ruins e um comportamento completamente desorganizado que perpassa a empresa inteira. É muito difícil mudar uma cultura organizacional, mas pode ser feito. E nós desempenhamos um papel ao transformar e adaptar as culturas nacionais das quais somos parte.[4]

Mais que qualquer outra pessoa numa organização, os líderes precisam ficar conscientes de como as culturas dão forma ao comportamento deles mesmos e dos outros. Wendy, a CEO da ONG que cuida de crianças em situação de risco, é uma bela imagem de uma líder que tem muita consciência da influência da cultura em sua maneira de trabalhar. Apesar dos desafios motivacionais que Wendy enfrentava na hora de ampliar a esfera de atuação de sua ONG para a América Central, ela me mostrou uma lista de perguntas que estava tentando responder para começar a pensar numa estratégia para aquele continente. Além disso, ela me falou das diferenças entre os programas que a ONG adotava em Nova York e em Los Angeles. A maioria dos membros do conselho são executivos, de modo que Wendy apresenta a eles o orçamento e o plano estratégico de uma maneira totalmente diferente do formato que ela utiliza com seu pessoal, e usa uma terceira estratégia com os doadores e voluntários. Wendy representa o tipo de líder que conhece o poderoso papel que a cultura exerce na forma como as pessoas pensam e se comportam.

No entanto, nem todo mundo se convence da relevância do entendimento cultural. Jeff, um representante de vendas americano de uma grande indústria, participou de um de nossos estudos que analisou o valor como os gerentes de médio escalão percebem a inteligência cultural. Jeff é um sujeito atarracado, de 42 anos de idade, da região central dos Estados Unidos. Quando o entrevistei, ele estava a uma semana de fazer sua segunda viagem de negócios à China, para visitar duas fábricas em Guangzhou, que fabricavam seus produtos.

Jeff estava muito animado ao conversarmos. Com as pernas constantemente subindo e descendo e os dedos tamborilando na mesa, ele falou:

— Olha só, eu não quero ofender ninguém. Mas todo esse negócio de cultura não é um pouco exagerado? O que estou falando é o seguinte: gente é gente e negócios são negócios. Eu provavelmente vou ter de comer uma comidinha esquisita na semana que vem, mas, fora isso, não vejo tanta diferença assim.

Resisti à tentação de fazer diversos comentários e continuei ouvindo, enquanto Jeff prosseguia na sua linha de raciocínio. Em sua maneira rápida de falar, ele continuou:

Do jeito como vejo, todo mundo só está querendo arranjar uma maneira de ter uma vida decente e subir na vida. Não importa se você é chinês, mexicano, americano, as pessoas são iguais em toda parte. Elas se importam com os filhos, tanto quanto você e eu. Elas sabem que você tem de ser agressivo para sobreviver neste mundo globalizado. E todos querem viver direitinho. A estratégia de mercado talvez precise ser um pouco adaptada, mas acho que fabricar um produto é a mesma coisa em todo lugar, e vender é vender em todo lugar. Ou você foi feito para isso ou não foi!

É claro que existem coisas interessantes na fala de Jeff. Existem algumas características universais que são iguais para todos. A capacidade de um líder de distinguir o que é universal, o que é cultural

Figura 4-1. As três categorias do comportamento humano

UNIVERSAL

CULTURAL

Artigos e sistemas culturais
arte, roupas, comida, dinheiro, costumes, gestos etc.

Valores e premissas culturais
crenças, percepções e sentimentos inconscientes e considerados normais

PESSOAIS

e o que é pessoal é um dos indicadores mais importantes da IC. Esse discernimento parte do mais básico conhecimento de IC. O iceberg é uma metáfora que uso muito ao falar dessa ideia. A ponta do iceberg, visível acima da linha d'água, inclui aquelas coisas que são compartilhadas universalmente por toda a humanidade. Mas quando você começa a ir mais fundo, encontrará um número enorme de diferenças que podem ser atribuídas a várias culturas e a personalidades individuais. Esse é um ponto muito importante ser compreendido. Voltaremos a falar dessas três categorias do comportamento humano (normas universais, culturais e pessoais) muitas vezes neste livro.

Universais

A afirmação de Jeff de que "gente é gente" tem um certo grau de verdade. Há coisas que nós compartilhamos com quase todos os seres humanos. Eu adoro me sentar numa estação de trem movimentada e observar os outros. Mesmo num lugar estranho onde não conheço ninguém, dá para sentir uma certa ligação simplesmente ao ver um pai com o filho, um outro viajante carregando as malas ou um casal rindo de algo. Todos nós temos medos em comum. Todos temos necessidades básicas que precisam ser atendidas. E quase todos os pais se preocupam com os filhos. É perfeitamente normal reconhecer as características humanas compartilhadas entre nós. São as características universais com as quais começamos nosso entendimento na hora de nos relacionarmos com os indivíduos e liderá-los.

Culturais

Quando saio de meu sentimento de ligação com um estranho interagindo com o filho e começo a fazer suposições sobre o relacionamento deles, baseando-me exclusivamente em minhas observações, começo a entrar em um território mais nebuloso. Ou se eu tivesse feito algum julgamento sobre o jogo de críquete a que assisti com base nas regras do futebol americano, teria interpretado erroneamente o que estava acontecendo.

Como observamos na Figura 4-1, uma parte do que compõe uma cultura é visível. A maneira como as pessoas dirigem, a moeda local, os símbolos religiosos ou a maneira como uma empresa se apresenta visualmente são coisas que podem ser observadas e identificadas. Essas são as pistas visíveis sobre as diferenças culturais que existem numa sociedade. Entretanto, os pontos mais importantes a serem compreendidos são os pensamentos, os valores e as premissas que existem por baixo do que é visível na superfície. Como é muito bem ilustrado pela metáfora do iceberg, debaixo da superfície de uma cultura estão as crenças, os valores e as premissas que dirigem o comportamento.

Se Jeff não perceber as profundas diferenças que existem entre a maneira como um sócio chinês pensa e age comparada à de um americano, ele se verá diante de todo tipo de barreira. E ignorar as diferenças culturais que aparecem numa força de trabalho multicultural nos põe no caminho de uma liderança ineficiente e irrelevante.

Pensemos um pouco sobre o conceito chinês do *guanxi* para refletir por que Jeff deve prestar atenção às diferenças culturais. O *guanxi* se refere às ligações e às obrigações consequentes que existem entre duas pessoas. Ele existe, principalmente, entre as famílias chinesas, mas também entre os colegas e os companheiros de profissão, por causa da história que eles têm em comum. É o resultado de as pessoas terem uma espécie de histórico informal de favores prestados e dívidas a pagar umas com as outras. Como a presença do *guanxi* é muito forte na maioria dos relacionamentos chineses, Jeff faria muito bem em aprender o significado dos presentes que ele receber de seus colegas em Guangzhou como uma forma de criar e construir um relacionamento. O mesmo tipo de atitude nos Estados Unidos poderia parecer

99

uma espécie de suborno ou pouco mais do que um gesto de significado simbólico. Mas não entender o que isso significa na China pode pôr a perder tudo aquilo que Jeff foi fazer lá.

A *cultura realmente importa* e influi na maneira como deveríamos fazer nosso trabalho. Um ex-embaixador americano no Iêmen e nos Emirados Árabes Unidos disse que passou toda a carreira vendo um enorme fluxo de vendedores americanos entrando e saindo do Golfo Pérsico para vender seus bens e serviços. Muitas vezes, ele via os representantes americanos perdendo oportunidades para colegas ingleses, franceses e japoneses, porque procuravam usar o mesmo discurso de vendas que tinham em casa e no Oriente Médio. Enquanto isso, ele observava muitos empresários de outros países gastando mais tempo para aprender a cultura da região e até se arriscando na língua local e, consequentemente, ganhando os contratos que os vendedores americanos perdiam.[5]

A cultura está por toda parte. Ela molda o que você está vendo e pensando neste momento. E molda a maneira como *você* está sendo visto por indivíduos de outros contextos culturais. As pessoas terão uma ideia de Jeff, que pode ser verdadeira ou falsa, pelo simples fato de ele ser americano. Uma pesquisa recente perguntou a cidadãos do mundo inteiro quais são as duas imagens mais fortes que elas têm dos Estados Unidos. Nas duas primeiras colocações ficaram a guerra e o seriado de TV *S.O.S. Malibu*![6] Depois do 11 de setembro, não é preciso fazer um grande esforço para entender por que, para tanta gente no mundo, os Estados Unidos são sinônimo de guerra. Quanto ao *S.O.S. Malibu*, é o programa de televisão americano mais exportado para o resto do planeta.[7]

Jeff pode até ser um pacifista americano que não tem a menor ideia de quem seja David Hasselhoff. Mas isso não muda o fato de que muita gente fora dos Estados Unidos, quando vê que Jeff tem um passaporte americano, terá automaticamente uma ideia dele que talvez inclua imagens de guerra e do seriado *S.O.S. Malibu*. Eu sou americano, branco e casado, tenho Ph.D., e moro e trabalho no Meio-Oeste. É o tipo de identidade vista com uma série de preconceitos pelos outros. Parte de meu aprendizado em como interagir com pessoas de vários contextos culturais é ter uma boa noção de como sou visto por elas pelo fato de eu pertencer aos grupos culturais a que pertenço. O conhecimento de IC começa com uma compreensão de como a cultura me molda, como molda terceiros e as percepções que temos uns dos outros. A cultura está em toda parte e influencia o que acontece no planeta.

Pessoais

No nível mais profundo do iceberg estão as diferenças individuais. Os líderes que atuam nos mais altos escalões da inteligência cultural são capazes de ver quando o comportamento dos outros é um reflexo da cultura em que estão inseridos e quando é um comportamento idiossincrático. Há coisas que eu faço que são próprias do estereótipo de comportamento da maioria dos americanos. Porém, seria uma injustiça que certas características minhas fossem generalizadas para todos os americanos. Um líder culturalmente inteligente vai aprender a identificar as características e os cacoetes pessoais dos indivíduos em contraposição aos que se encaixam nas normas culturais.

Descrever as preferências e os comportamentos pessoais como se fossem uma atitude cultural é um dos erros mais comuns cometidos durante as interações interculturais. Uma gerente canadense me contou que tinha um funcionário sikh indiano. Ela disse:

— Algo que eu percebi nos *sikhs* é que eles não gostam de viajar. Toda vez que peço ao Sr. Singh para participar de uma reunião fora da cidade, ele vem com uma desculpa.

Quando perguntei-lhe se observara esse mesmo comportamento em outros funcionários *sikhs*, ela me disse que o Sr. Singh era o único *sikh* que conhecia pessoalmente. Mas ela simplesmente achou que fosse uma característica cultural porque, afinal, quem não iria querer sair de London, Ontário, de vez em quando, custeado pela companhia? Ela concluiu que qualquer comportamento incomum e inexplicável que observasse nele só poderia ser característica da formação cultural do Sr. Singh. Isso também funciona no sentido contrário. Pode haver perfeitamente uma norma cultural que valha para a maioria dos *sikhs* como "a maioria dos *sikhs* é composta por pessoas extremamente religiosas". Seria o caso de pensarmos se essa regra se aplica ao Sr. Singh. Mas do mesmo jeito que essa gerente não pode achar que tudo o que se refere ao Sr. Singh se aplica a todos os *sikhs*, ela também não pode presumir que todas as características culturais dos *sikhs* se aplicam ao Sr. Singh.

Mais adiante, vamos ver o valor de utilizar as normas e os valores culturais como um ponto de partida para entendermos os outros. Mas sempre é preciso ter cautela. A inteligência cultural é necessária para termos o discernimento do que é universal, cultural e pessoal. O restante do material sobre o conhecimento de IC trata das questões ligadas à camada central do iceberg — a compreensão dos sistemas e dos valores culturais e da língua.

Um resumo dos sistemas culturais básicos

O primeiro modo de se ver além de nossas semelhanças universais é entender as diferentes maneiras como as culturas tratam das necessidades comuns que todos os seres humanos têm, que são os sistemas culturais. Sem uma observação cuidadosa, o significado desses sistemas pode facilmente se perder. Vamos examinar agora os seguintes sistemas culturais: econômicos, de família e casamento, educacionais, legais e políticos, religiosos e artísticos.

Sistemas econômicos: Capitalismo x Socialismo

Toda sociedade tem uma maneira básica de atender às necessidades universais de seus membros por comida, água, vestuário e moradia. Entender como uma sociedade se organizou para produzir, alocar e distribuir esses recursos básicos é importantíssimo para uma liderança culturalmente inteligente. A maioria de nós já conhece bem os dois principais sistemas econômicos atuais: o capitalismo e o socialismo. O capitalismo, encontrado em países como os Estados Unidos, se baseia no princípio de os cidadãos obterem recursos e serviços de acordo com sua capacidade de pagar por eles. A premissa subjacente ao capitalismo é a de que os indivíduos são motivados a cuidar de si mesmos e que o mercado existe para atender às necessidades dos indivíduos. A concorrência é vista como positiva para o consumidor e, consequentemente, para a sociedade como um todo. Do outro lado do espectro está o socialismo, encontrado em países como China e Cuba. Nele, o Estado desempenha um papel muito mais ativo na produção e distribuição dos recursos básicos, garantindo assim uma igualdade de acesso para toda a sociedade a esses recursos. A maioria das pessoas tem sentimentos muito fortes sobre qual sistema é superior, mas nós devemos tomar cuidado na hora de achar que só existe uma maneira certa de se distribuir bens e serviços. A maioria das economias da atualidade é uma mistura entre capitalismo e socialismo, e existe uma ampla gama de outras possibilidades, principalmente em contextos tribais. Você não tem de ser um especialista no funcionamento de todos os sistemas econômicos de todas as culturas, mas uma consciência geral das diferentes formas de organização dos sistemas econômicos aumentará sua capacidade de negociação e desenvolverá um relacionamento de trabalho fora da sua cultura nacional. O resumo que você encontra na Tabela 4-1 é uma espécie de referência que poderá ser utilizada no futuro, na hora de aplicar esse entendimento à liderança.

Tabela 4-1. Sistemas econômicos

Sistemas econômicos
Organização básica de uma sociedade para atender às necessidades universais de seus membros em matéria de comida, água, vestuário e moradia

Capitalismo:	Socialismo:
Sociedade criada em torno da ideia de que os indivíduos obtêm recursos e serviços baseados em sua capacidade de pagar por eles. As decisões são tomadas em função do mercado.	Sociedade em que o Estado coordena e implementa a produção e distribuição dos recursos básicos através do planejamento e do controle central.

Implicações para a liderança:

- Pense na melhor forma de motivar sua equipe à luz do sistema econômico predominante no país. A competição costuma ser uma estratégia motivacional que funciona melhor nas sociedades capitalistas, e a cooperação, nas socialistas.
- Entenda que setores num determinado lugar são administrados pelo Estado e quais são administrados pela iniciativa privada. E tenha em mente que até algumas companhias privadas contam com um alto nível de investimento estatal.
- Ao ampliar as fronteiras de sua organização para um país com um sistema econômico diferente, considere quais políticas de RH precisam ser revisadas à luz das leis de aposentadoria e seguro-saúde, como fazer relatórios de performance e estabelecer uma remuneração adequada.

Sistemas de família e casamento: Amplo parentesco x Família nuclear

Cada sociedade tem uma maneira de criar um sistema sobre quem pode se casar com quem, sob que condições e segundo que procedimentos. Ao lado disso, um sistema voltado para o amparo a crianças e adolescentes se tornou o padrão na maioria das culturas. Os sistemas familiares mais comuns na literatura são o sistema de amplo parentesco *versus* o sistema da família nuclear. A maior parte do mundo se organiza em sociedades baseadas em amplo parentesco, nas quais os relacionamentos de sangue e a solidariedade ao clã e à família são fundamentais. Isso também é chamado de *parentesco por consanguinidade*, no qual a identidade repousa principalmente na maneira como as pessoas são genealogicamente relacionadas. As sociedades de amplo parentesco são formadas por laços familiares extensos. Em tais sociedades é comum três gerações ou mais morando na mesma residência.

Contrastando com isso, o sistema da família nuclear, às vezes chamado de *parentesco por afinidade*, é mais comum no mundo ocidental e na classe média. Ele geralmente inclui apenas duas gerações, e os membros do grupo são ligados pelo casamento. O termo *família* se refere apenas a pais e filhos e, basicamente, se dissolve com a morte de um dos cônjuges. Nas sociedades baseadas em famílias nucleares os funcionários têm mais chance de fazer as malas e partir quando aparece uma oportunidade de trabalho melhor. E a identidade dos indivíduos nessas sociedades deriva mais da família imediata e da vocação da pessoa do que de uma longa linhagem sanguínea. Os sistemas de família nuclear dão muito valor às relações entre pais e filhos, marido e mulher e entre irmãos. Os sistemas familiares exercem um papel profundo nas escolhas que os funcionários fazem e naquilo que motiva os mercados em potencial.

Compreender essas abordagens conflitantes sobre a vida familiar é cada vez mais fundamental para a maneira como lideramos. De todos os sistemas culturais, o familiar é amplamente visto como o mais importante a se entender, mas essa informação, muitas vezes, é considerada irrelevante para a maioria dos líderes organizacionais.[8] Pense em como um pouco de conhecimento básico sobre esse tipo de diferença poderia ajudar um executivo americano que tentasse negociar um contrato com uma empresa pertencente a uma família étnica chi-

Tabela 4-2. Sistemas familiares

Sistemas familiares
Sistema que uma sociedade desenvolveu sobre quem pode se casar com quem e os acertos que são feitos para cuidar dos filhos e dos idosos.

Amplo parentesco:	Família nuclear:
A família baseia sua identidade em várias gerações de história, e a casa muitas vezes abriga membros de três gerações ou mais.	A família se baseia em duas gerações, e os membros do grupo se ligam através do casamento. É formada principalmente por pais e filhos.

Implicações para a liderança:

- Nas sociedades de amplo parentesco, você verá que muitas apresentações são cheias de referências a irmãos, tios, pais e avós. Conhecer a carreira do pai de uma pessoa pode se revelar muito importante. Já nas famílias nucleares, as sociedades se baseiam mais na vocação dos indivíduos e no trabalho que eles desempenham para uma empresa. Conversas sobre a família são consideradas "pessoais" e só são adequadas após conhecer melhor os outros.
- Quando os executivos vindos de um sistema de família nuclear trabalham com funcionários de sistemas de amplo parentesco, é preciso saber que dar espaço para as obrigações familiares será muito importante na hora de contratar e reter os talentos dessa sociedade.
- Quando executivos oriundos de um sistema de amplo parentesco trabalharem com colegas de um sistema de família nuclear, devem manter em mente que eles podem não compreender a importância de ouvir ou de compartilhar longos discursos sobre relações familiares numa apresentação inicial.

nesa. Muitas das empresas mais bem-sucedidas de cidades como Pequim, Jacarta, Kuala Lumpur e Singapura são comandadas por líderes étnicos chineses que tratam de sua empresa como se fosse uma família. Essas firmas normalmente são comandadas pelo patriarca, que lidera sem que sua autoridade seja questionada pelos parentes, e é auxiliado por um pequeno grupo familiar e alguns subordinados próximos. Quando o patriarca se aposenta, a empresa geralmente é passada à geração seguinte. Essas empresas raramente cedem o controle a pessoas de fora e costumam pôr parentes no conselho de administração.[9] Outras empresas multinacionais que operam no Oriente Médio aprenderam a importância de se contratarem empreiteiras ligadas a um xeque local para conquistar sua cooperação e aprovação. Esses cenários mostram a importância de compreendermos os sistemas familiares na maneira como lideramos em diferentes contextos. O resumo da Tabela 4-2 pode servir de referência no futuro, na hora de aplicar esse entendimento à sua liderança.

Sistemas educacionais: Formais x Informais

As sociedades também formam os padrões sobre como os membros mais velhos das famílias transmitem seus valores, suas crenças e seu comportamento para os filhos. Esses padrões estão no cerne de como as sociedades desenvolvem os sistemas educacionais e as maneiras de socializar os mais jovens. Grande parte do mundo atual está se movendo na direção de uma educação formal, pela qual os jovens aprendem e fazem amigos em escolas, com livros e professores profissionais. Porém, muitas culturas ainda dão grande ênfase à educação informal, dada pelos pais, irmãos mais velhos e outros membros mais distantes da família.

A utilização da "decoreba", por meio da qual se espera que os alunos respondam com as informações que lhes foram ensinadas, em contraposição ao desenvolvimento do raciocínio analítico, também é um ponto de diferenciação importante entre os vários métodos de ensino.

Os executivos que chegam da Ásia geralmente se sentem frustrados com as limitações que veem nos ocidentais para decorar e guardar informações. Eles costumam perceber que nós, ocidentais, lutamos para sintetizar várias partes individuais dentro de um todo. Os executivos ocidentais sentem as mesmas frustrações quando suas tentativas de análise enfrentam resistência de seus correspondentes de outras culturas. Um entendimento de como funciona o sistema educa-

Tabela 4-3. Sistemas educacionais

Sistemas educacionais
Padrões pelos quais os membros mais velhos de uma cultura transmitem seus valores, suas crenças e seus comportamentos para a nova geração.

Formal:	Informal:
Utilização de escolas, livros e professores com formação profissional para educar os jovens.	Ênfase na sabedoria passada aos jovens por meio de pais, irmãos e parentes mais distantes.

Implicações para a liderança:

- Desenvolva e adapte programas de treinamentos para os funcionários a partir de uma compreensão dos sistemas educacionais e das preferências dos povos de várias culturas. Alguns métodos de ensino podem ser muito desconfortáveis ou diferentes dos costumes dos indivíduos de determinada cultura.
- Procure entender até que ponto as pesquisas formais e acadêmicas são valorizadas, em contraposição à sabedoria convencional, nas maneiras de motivar, negociar e levar seu trabalho ao mercado.
- Quando tentar derrubar um mito ou colocar uma nova ideia na mesa, tente entender a principal fonte de socialização numa cultura (por exemplo, o conhecimento dos sábios *versus* a pesquisa acadêmica).

cional de uma determinada cultura pode melhorar a maneira como você vai conduzir uma reunião, desenvolver parcerias, levar um produto ao mercado ou treinar e desenvolver seu pessoal. O resumo mostrado na Tabela 4-3 poderá servir de referência no futuro, quando você vier a aplicar esse entendimento à sua liderança.

Sistemas políticos e legais: Leis formais x Governança informal

A maioria das culturas desenvolve sistemas para manter a ordem e garantir que os cidadãos não violem os direitos dos outros na sociedade. O resultado é o ordenamento jurídico da sociedade, que está fundamentalmente ligado ao governo de um determinado lugar. Num país como os Estados Unidos, existe um sistema jurídico governado por uma constituição escrita e também por leis municipais, estaduais e federais. Entretanto, outras sociedades tecnologicamente mais simples, menos complexas e formais, também têm formas eficientes de controlar os comportamentos.

Muitas empresas ficam bastante frustradas e sem saber como manter boas relações com os funcionários e autoridades locais por pura ignorância de como o sistema jurídico de um país funciona. Um dos maiores erros cometidos pelos executivos quando eles saem de um país e entram em outro é partir do princípio de que o governo local funciona de maneira semelhante ao do próprio país. Outra reação típica é achar que um sistema jurídico é corrupto ou inferior só porque é diferente. Compreender e respeitar essa característica de uma sociedade vai melhorar significativamente a capacidade de se trabalhar bem naquela cultura.

Também é importante ter em mente que existem variações dentro do sistema jurídico de um mesmo país. Os Estados Unidos, por exemplo, têm algumas leis gerais que valem para o país inteiro, mas existem inúmeras questões regidas pelos governos estaduais e pelas prefeituras. Vários países têm diferenças desse mesmo tipo entre distritos, províncias e regiões. Em alguns contextos, as leis se aplicam de maneiras diferentes aos grupos étnicos de uma mesma sociedade. Por exemplo, a Malásia, que é um país islâmico, tem regras diferentes para os cidadãos de antigas famílias malaias e para aqueles de ascendência chinesa ou indiana. Uma empresa americana estabelecida em Kuala Lumpur começou a oferecer aulas de ioga aos funcionários na hora do almoço. A aula era comandada por um instrutor americano como uma maneira de oferecer aos empregados um exercício holístico. Da parte dos funcionários chineses e indianos, a participação foi entusiástica; no entanto, nenhum malaio, que era a população predominante no país, jamais apareceu para fazer essa aula.

Com o tempo, os empresários americanos acabaram descobrindo que a prática da ioga é ilegal para os malaios, por temerem que os elementos de hinduísmo presentes nesse tipo de exercício possam corromper a fé muçulmana. Aqui, mais uma vez, ressaltamos que não é necessário conhecer profundamente as estruturas legais específicas, mas é essencial ter um apreço pela maneira significativa como um sistema legal influencia na forma como trabalhamos. Você poderá utilizar a Tabela 4-4 como referência no futuro, ao aplicar esse entendimento à sua liderança.

Tabela 4-4. Sistemas jurídicos

Sistemas jurídicos
Sistemas desenvolvidos por uma sociedade para proteger os direitos dos cidadãos.

Formais: Um sistema extremamente formalizado, assentado em instrumentos como uma constituição e leis escritas.	**Informais:** Embora menos formais, os sistemas jurídicos mais simples também são obrigatórios para as pessoas e são passados adiante através da sabedoria convencional. Espera-se que cidadãos e estrangeiros compreendam e sigam as regras.

Implicações para a liderança:

- Contrate indivíduos com conhecimento local para ajudá-lo a negociar com autoridades do governo e do meio jurídico.
- Separe um tempo para aprender quais leis são relevantes para seu trabalho em um determinado lugar.
- Descubra que práticas não escritas devem ser evitadas ou utilizadas com as autoridades locais. Por exemplo, dar um presente a um funcionário público pode ser fundamental em certas culturas, mas pode levar você à prisão em outras.

Sistemas religiosos: Racionais x Místicos

Toda cultura desenvolve uma maneira de explicar o que parece inexplicável. Por que coisas ruins acontecem a pessoas boas? Por que motoristas bêbados sobrevivem, enquanto gente inocente acaba morrendo? Por que um tsunami mata alguns, enquanto outros conseguem escapar? Não existem respostas uniformes e convencionais para essas perguntas, mas todas as sociedades oferecem uma variedade de crenças religiosas e sobrenaturais para aquilo que está além da compreensão humana. Temos de reconhecer que existem muitas diferenças dentro da maioria das culturas e sobre como variados indivíduos e suas religiões respondem a isso. Uma das divergências mais marcantes na forma como as culturas organizam seus sistemas de crenças sobrenaturais é até que ponto elas adotam uma abordagem racional e científica para explicar o inexplicável, em contraposição a uma visão mais mística e espiritual da vida. Os enfoques mais racionais tendem a dar ênfase à responsabilidade individual e à ética de trabalho, ao passo que as visões mais místicas confiam na existência de poderes sobrenaturais, tanto bons quanto maus.

As crenças religiosas e sobrenaturais podem afetar profundamente as atitudes em relação ao trabalho. Max Weber, considerado por muitos o fundador da sociologia, analisou a relação entre protestantismo e capitalismo. O capitalismo é, em parte, dirigido por uma ética de trabalho protestante, que prevalece nas sociedades ocidentais e que enfatiza o trabalho duro, a diligência e a frugalidade com o objetivo de acumular capital. Parte-se do princípio de que essa abordagem é a melhor para uma sociedade. O princípio-base é: *Uma sociedade não sobreviverá se seus cidadãos não trabalharem duro para que ela sobreviva.* [10]

Contrastando com isso, o islamismo enfatiza a caridade aos miseráveis e toma medidas muito rigorosas para garantir que os lucros não advenham à custa da população mais pobre. Consequentemente, a maioria dos bancos islâmicos é proibida de fazer empréstimos a juros, porque estes são vistos como uma exploração dos mais pobres. As empresas mais inovadoras que trabalham num contexto islâmico tiveram de aprender a levar isso em consideração e cobram à vista e adiantado, em vez de cobrar juros. Empresas não islâmicas que atuem em países islâmicos também precisam ter uma compreensão básica desse tipo de prática.[11]

Uma empresa americana abriu seu escritório na Tailândia um andar acima de uma estátua de Buda. Foram necessários vários meses sem praticamente fazer nenhum negócio para que a empresa descobrisse que ninguém ia até lá porque ela violara uma regra secreta: a de nunca se colocar acima de Buda — literalmente! Depois de adquirirem uma nova sede, os negócios decolaram. Em outro contexto, uma multinacional japonesa foi pega de surpresa ao perceber que uma crença religiosa afetou sua expansão global. A empresa decidiu construir uma fábrica num terreno no interior da Malásia que antes fora um cemitério de habitantes locais. Depois da fábrica construída, houve um episódio de histeria coletiva entre os operários de origem malaia. Muitos deles alegaram que foram possuídos por espíritos. Acreditavam que a construção de uma fábrica no local de um antigo cemitério perturbara a terra e atiçara os espíritos, que invadiram o terreno da fábrica.[12]

Não podemos subestimar o poderoso papel que crenças e práticas religiosas desempenham na maneira de se trabalhar em diferentes lugares. Para os executivos ocidentais — que geralmente são vistos como cristãos, mesmo que não o sejam —, ter uma conversa respeitosa sobre uma das outras grandes religiões do mundo vai demonstrar um imenso respeito na hora de interagir com líderes de outras partes do planeta. Você não precisa abandonar seus próprios preceitos religiosos para demonstrar respeito e apreço pela visão e pelas práticas dos outros. Em matéria de inteligência cultural, é muito importante aprender isso. Não estamos interessados em abandonar nossas convicções, nossos valores e nossas premissas. Em vez disso, estamos procurando compreender e respeitar as crenças e prioridades dos outros. O resumo da Tabela 4-5 poderá servir de referência no futuro, quando você for aplicar esse conhecimento à sua liderança.

Tabela 4-5. Sistemas religiosos

Sistemas religiosos
A maneira como uma cultura explica o sobrenatural e o que parece inexplicável.

Racionais:	Místicos:
Ênfase em descobrir respostas racionais e científicas para o sobrenatural, com base na responsabilidade individual e na ética de trabalho.	Ênfase nos poderes sobrenaturais, tanto bons quanto maus, que controlam os acontecimentos da vida e do dia a dia.

Implicações para a liderança:

- Seja respeitoso na hora de discutir suas crenças religiosas e descubra o que é mais capaz de ofender alguém, à luz da religião da outra pessoa. Fique atento para as atitudes potencialmente ofensivas que podem ser cometidas em relação às crenças religiosas de uma determinada cultura e procure evitá-las.
- Estude como os valores religiosos e as crenças sobrenaturais afetam as decisões financeiras, administrativas e de marketing tomadas por uma organização, em uma determinada cultura.
- Descubra quais as datas religiosas mais importantes do calendário. Evite abrir uma nova empresa na China durante o Festival dos Mortos ou durante o Diwali, na Índia. Da mesma maneira como não planejaríamos uma importantíssima reunião de negócios no Natal, descubra quais os feriados religiosos a se evitar nos outros lugares.

Sistemas artísticos: Sólidos x Fluidos

Todas as sociedades desenvolvem um sistema de padrões estéticos que se manifesta em tudo, desde as artes decorativas até a música, a dança, a arquitetura, o planejamento e a construção de edifícios e comunidades. Existem várias maneiras possíveis de examinar os diferentes sistemas artísticos. Uma delas é observar até que ponto a estética de uma sociedade reflete linhas claras e limites sólidos, em oposição a um desenho mais fluido. Muitas culturas ocidentais favorecem limites claros e fixos, enquanto certas culturas orientais preferem linhas mais fluidas e menos rígidas.

Na maioria das casas ocidentais, as gavetas de cozinha são desenhadas de modo que os garfos fiquem com os outros garfos e as facas com as outras facas. As paredes de um ambiente geralmente têm a mesma cor e, quando ocorre uma mudança criativa nesse sentido, ela costuma se dar em um canto ou em uma linha reta no meio da parede. Fotografias são emolduradas em formas retagulares, o gesso cobre as frestas na parede e os gramados são cortados de modo a formar uma linha clara entre a calçada e a grama. Por quê? Porque encaramos a vida em termos de classificações, categorias e taxonomias. E a própria limpeza é amplamente definida pelo nível de ordem existente. Ela tem muito pouco a ver com a higiene e está muito mais relacionada ao fato de tudo estar em seu devido lugar.

Manter as coisas em seus limites é um conceito fundamental para o mundo ocidental. Caso contrário, as categorias começam a se desintegrar, e o caos reina.[13] A maioria dos americanos quer gramados sem dentes-de-leão e estradas com pistas claras dizendo onde é permitido dirigir e onde não é. Os homens usam gravatas para cobrir a costura das camisas que vestem antes de ir a um concerto, onde ouvem um recital de música clássica baseada numa escala de sete notas e cinco meio-tons. Cada nota emite um som fixo, definido pelo comprimento da onda sonora que produz.[14] E uma boa apresentação consiste no resultado de os músicos tocarem essas notas com precisão.

Contrastando com isso, muitas culturas orientais têm pouca preocupação na vida cotidiana com limites rígidos e categorias uniformes. Tintas de cores diferentes podem ser utilizadas em vários lugares de uma mesma parede. E a tinta pode muito bem "entornar" para cima da janela ou esparramar pelo teto. As refeições são um conjunto fascinante de ingredientes, e o sabor fica melhor se os diversos alimentos forem misturados no prato. As estradas e os padrões de direção são flexíveis. As pistas aumentam ou diminuem dependendo do volume de tráfego. Em lugares como o Camboja e a Nigéria, há espaço na estrada em qualquer direção que um motorista desejar ir, independentemente da hora do dia. E as pessoas geralmente se contorcem na estrada com seus carros, da mesma maneira como se estivessem andando na rua.

Tabela 4-6. Sistemas artísticos

Sistemas artísticos
A abordagem estética de uma sociedade que permeia tudo — desde a decoração até a música, a arquitetura e o planejamento urbano.

Só lidos:	Fluidos:
Preferência por limites claros e rígidos, que enfatizam a precisão e as linhas retas.	Preferência por linhas mais fluidas e indiscriminadas, com ênfase nas oscilações e na flexibilidade.

Implicações para a liderança:

- Verifique se você tem de alterar os esquemas de cores, a lógica de navegação e as apresentações de seu site para as várias regiões do mundo. O que pode parecer uma navegação absolutamente clara na sua cultura pode ser muito confusa em outra.
- Cuidado ao pensar que símbolos e logomarcas podem ser aplicados universalmente, em qualquer contexto cultural. Pesquise para ver como os símbolos serão compreendidos nos diversos lugares em que você irá trabalhar.
- Aprenda quais ícones culturais são reverenciados. Por exemplo, um uso inadequado de leões ou da Muralha da China ao vender um produto ou serviço para os chineses pode acabar com sua credibilidade.

Existem muitas outras formas de contrastar a estética de um país com a de outro. O importante é ter uma compreensão básica de como as culturas diferem nesse campo. Mergulhe na arte de um determinado lugar e leve isso em conta na hora de comunicar a estratégia de seu negócio internacional. O resumo da Tabela 4-6 o ajudará a aplicar esse conhecimento estético à sua liderança.

Compreender esses sistemas culturais muito básicos e a maneira geral como eles atuam nas diversas culturas é parte fundamental do conhecimento de IC. Apesar de visíveis, será muito fácil deixar passar a importância e a relevância desses sistemas se não tirarmos um tempinho para levá-los em consideração. E, conforme demonstrado na metáfora do iceberg, sempre existirão aqueles que se desviarão das regras em matéria de estética ou de qualquer outro sistema cultural.

Conclusão

O conhecimento de IC começa pelo reconhecimento do papel da cultura nos pensamentos, nas atitudes e nos comportamentos dos indivíduos. Devemos discernir o que se aplica universalmente a todos os seres humanos, o que pode ser atribuído a culturas específicas e o que é absolutamente pessoal num indivíduo. Depois, precisamos obter uma compreensão básica dos sistemas desenvolvidos pelas culturas para lidar com a economia, a família, a educação, as questões legais, a religião e a expressão artística. No Capítulo 5, vamos analisar outros dois métodos para desenvolvermos o conhecimento de IC: o aprendizado dos valores culturais e do idioma.

CAPÍTULO 5

ESCAVANDO O TERRENO: O CONHECIMENTO DE IC (PASSO 2-B)

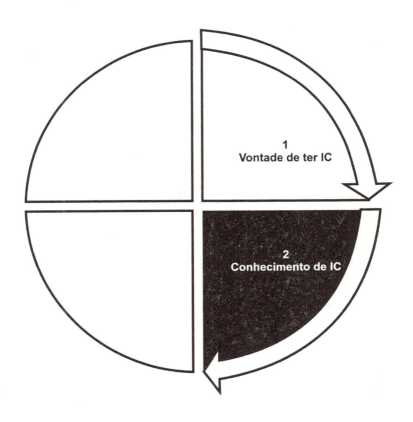

A viagem em direção a uma maior inteligência cultural continua. O conhecimento de IC é a segunda etapa do ciclo de quatro passos na direção da inteligência cultural. Como já falamos no Capítulo 4, o conhecimento de IC se refere a nosso nível de entendimento de uma cultura e em como as culturas diferem umas das outras. O Capítulo 4 mostrou dois caminhos para desenvolver o conhecimento de IC: (1) ver o papel que a cultura exerce na sua vida e na das outras pessoas, e (2) um resumo dos sistemas culturais básicos. Este capítulo explica outras duas maneiras de desenvolver o conhecimento de IC, que são (3) aprender os valores culturais centrais e (4) entender línguas diferentes.

Aprender os valores culturais centrais

Você com certeza verá uma ligação entre o que uma cultura valoriza e os sistemas culturais (econômicos, estéticos, legais, entre outros) que comentamos no Capítulo 4. Os valores culturais são o ponto mais enfatizado nos cursos de liderança intercultural. Como os mexicanos lidam com o tempo e com a autoridade, comparados aos alemães? Apesar de os valores culturais serem apenas um fator na hora de desempenhar uma liderança eficiente em nosso mundo multicultural, eles são uma parte importantíssima na construção do repertório de IC.

Dada a quantidade considerável de livros dedicados a descrever esses valores, vamos apenas dar uma passada naqueles valores culturais que têm maior relevância para os líderes. Os valores culturais são particularmente importantes na hora em que são colocados ao lado de nossa orientação pessoal sobre eles. Analisaremos cinco escalas utilizadas para compreender e medir as diferenças culturais entre os países: hora, contexto, individualismo, distância para o poder e desejo de evitar riscos. Em minha experiência, elas são as mais úteis no momento em que é preciso desenvolver o conhecimento de IC numa situação de liderança. Esses valores culturais refletem os estereótipos nacionais de como muitos cidadãos de seus respectivos países funcionam. E os estereótipos, apesar de potencialmente perigosos, são um bom ponto de partida, desde que sejam mera descrição — e não um julgamento definitivo. Se estivermos prontos para esperar uma variabilidade entre pessoas diferentes de uma mesma cultura (por exemplo, alguns mexicanos são totalmente pontuais e orientados para o trabalho, apesar de a maioria das pessoas desse país ser mais focada nos relacionamentos do que em fazer as coisas na hora certa), os estereótipos neutros baseados nos valores culturais que os acompanham terão sua utilidade. Essa é uma das maneiras de tratar a questão a que nos referimos antes — discernir o que é cultural do que é pessoal. Uma amostra de onde vários países se encaixam nesses cinco valores aparece na Tabela 5-1.

Tabela 5-1. Valores culturais de países e regiões[1]

País ou região	Relação com o tempo	Importância do contexto	Individualismo	Distância para o poder	Desejo de evitar riscos
África do Sul	Relógio	Grande	65	49	49
África Oriental	Acontecimento	Grande	27	64	52
Austrália	Relógio	Pequena	90	36	51
Brasil	Acontecimento	Grande	38	69	76
Canadá	Relógio	Pequena	80	39	48
China	Relógio	Grande	20	78	37
Singapura	Relógio	Grande	20	74	NA
EUA	Relógio	Pequena	91	40	46
França	Relógio	Média	72	68	86
Grã-Bretanha	Relógio	Média	89	35	35
Hong Kong	Relógio	Grande	25	68	29
Índia	Acontecimento	Grande	48	77	40
Israel	Acontecimento	Pequena	54	13	81
Japão	Relógio	Grande	46	54	92

País ou região	Relação com o tempo	Importância do contexto	Individualismo	Distância para o poder	Desejo de evitar riscos
Malásia	Acontecimento	Grande	26	104	36
México	Acontecimento	Grande	30	81	82
Países Árabes	Acontecimento	Grande	38	80	68
Rússia	Relógio	Grande	38	95	97
Tailândia	Relógio	Grande	20	64	64

OBS.: Os resultados aparecem numa escala de 1 a 120, sendo 120 o grau mais alto do valor que aparece na lista (no caso, 120 em individualismo revelaria uma cultura extremamente individualista, e 1, uma cultura extremamente coletivista).

Hora do acontecimento x Hora do relógio

Alguns norte-americanos costumam dizer coisas como "ela está em um fuso-horário *latino*!", geralmente em tom pejorativo. Mas é só substituir a palavra *latino* pelo equivalente de qualquer das muitas outras culturas que não têm a mesma obsessão que o mundo industrializado tem com a pontualidade e você já pode entender o que essa frase significa. O mundo ocidental tem um longo histórico de definir o sucesso em termos de quanto é produzido e quanto é consumido. Consequentemente, as pessoas nas culturas ocidentais industrializadas vivem pela *hora do relógio*. A pontualidade e a eficiência estão na ordem do dia. É o relógio que determina quando as coisas começam e terminam. O respeito, a excelência e a consciência em relação aos outros são comunicados através da pontualidade.

Em contraposição a isso, há outras culturas que são muito mais interessadas em dar ênfase e prioridade às obrigações e relações sociais. Normalmente, diz-se que essas culturas são regidas pela *hora do acontecimento*. Os acontecimentos começam e terminam na hora que os participantes acham conveniente, em vez de serem artificialmente marcados pelo relógio. A espontaneidade é um valor crucial para os indivíduos criados nesse contexto.

Todos conhecemos bem esses tipos de diferenças. No entanto, os desafios que resultam de trabalhar com alguém que tenha uma orientação de tempo diferente vão muito além da pontualidade. Ela interfere na colaboração e no planejamento com executivos de culturas diferentes. Marcelo, por exemplo, é o líder de uma grande empresa no Brasil. Ele e eu trabalhamos em um projeto de treinamento de liderança para ser utilizado com muitos de seus gerentes. Tivemos a oportunidade de fazer uma rápida refeição juntos, enquanto participávamos de um congresso em Amsterdã. Marcelo é um homem grande, de olhos castanhos esbugalhados, cabelos pretos espessos e uma personalidade gregária. Tínhamos apenas uma hora para comer e conversar, antes de eu ter de pegar o trem para o aeroporto. Depois de vários minutos ouvindo-o falar da família, tentei encaminhar a conversa para outro lado, porque precisava ter mais certeza de quando iríamos lançar o tal programa de treinamento em que vínhamos trabalhando. Mas Marcelo continuava me falando da filha dele, Renata, de como eram gostosos o pão e o queijo que estávamos comendo e perguntando sobre minha família. Com a maior educação, procurei fazê-lo se comprometer com uma data de lançamento para o projeto, mas, nesse ponto, só recebi respostas vagas e ambíguas.

Não que eu não soubesse exatamente o que estava acontecendo, no entanto também não estava chegando aonde queria chegar. Mas entender as diferentes maneiras como víamos o tempo era um ponto fundamental na relação. Eu havia criado uma expectativa irreal ao tentar fazer Marcelo se comprometer com uma data fixa, quando mal tínhamos tempo de colocar os assuntos pessoais em dia.

A diferença na maneira como lidamos com o tempo fica mais evidente entre as culturas nacionais. Mas as culturas das empresas também têm formas diferentes de valorizar o tempo. Manter em mente que as culturas têm formas diferentes de lidar com o tempo é mais uma maneira de aumentar seu conhecimento de IC. Veja o resumo da Tabela 5-2.

Tabela 5-2. Hora do acontecimento x Hora do relógio

Valor	Orientação para a hora do acontecimento	Orientação para a hora do relógio
Descrição	Enfatiza as relações sociais. Valoriza a espontaneidade.	Enfatiza a pontualidade e a dedicação. Valoriza a eficiência.
Exemplos	Brasil Índia Emirados Árabes Unidos	Austrália China Estados Unidos

Implicações para a liderança:

- Para quem vem de culturas orientadas pela hora do relógio: esteja pronto para gastar algum tempo para formar relações duradouras. Permita uma margem de flexibilidade em sua agenda para isso.
- Para os que vêm de culturas orientadas pelos acontecimentos: fique atento para o sentimento de urgência que existe em quem quer realizar e finalizar as funções. Encontre uma maneira de comunicar que precisa de mais tempo, enquanto fixa um prazo concreto.
- Descubra se a cultura com a qual você está trabalhando é mais focada no passado, no presente ou no futuro.

Importância do contexto: Grande x Pequena

Depois de sair do rápido almoço com Marcelo, encaminhei-me direto para o aeroporto. O aeroporto de Schiphol é perfeito para um viajante como eu. A sinalização é clara e está em toda parte, o que reflete uma orientação de valor chamada de *baixo contexto*. Em uma cultura de baixo contexto as coisas são ditas ou mostradas explicitamente, e pouco espaço é deixado para suposições. Em contrapartida, nas culturas de *alto contexto* as pessoas têm muito em comum e um grande número de coisas podem ser subentendido. Nessas culturas, tudo acontece como se todos fossem insiders, e soubessem exatamente como se comportar. As instruções escritas e explícitas são mínimas, porque a maioria dos indivíduos sabe o que fazer e o que pensar.

Nossas famílias provavelmente são o exemplo mais tangível que temos de um ambiente de alto contexto. Depois de anos de convivência, conhecemos as regras não escritas do que podemos comer, como celebrar as festas e como nos comunicar com os outros. Muitos locais de trabalho também são assim. Sabemos quando pedir os cheques, como anunciar um evento e como nos vestir nas "sextas-feiras casuais". Os funcionários que entram nessas empresas podem realmente se sentir perdidos sem a devida orientação. E muitas religiões também são de alto contexto. As pessoas rotineiramente se levantam, se curvam e recitam orações que parecem muito estranhas e confusas para quem estiver participando daquela comunidade pela primeira vez. Diferenciar se uma cultura oferece uma comunicação explícita e direta ou se é uma que parte do princípio de que todos compreendem bem o que está se passando é um ponto estratégico do conhecimento. E os executivos precisam ter em mente quais são os fatores de suas próprias empresas e culturas que são de alto contexto e como isso afeta os que vêm de fora.

Em lugares onde a importância do contexto é muito grande, como a América Latina, a Coreia e o Oriente Médio, é mais provável que as informações já estejam incutidas nos indivíduos sem que seja necessário afirmá-las explicitamente. Não existem muitas placas ou informações detalhadas sobre a maneira de agir nesses locais. As culturas de alto contexto podem ser lugares difíceis de se visitar se você for um outsider. Essa é uma das razões pelas quais fazer amizades e visitar os pontos turísticos podem ser atitudes tão importantes, como discutimos na hora de desenvolver a vontade de ter IC. Aprender como uma cultura conta a própria história e observar o que ela escolhe enfatizar é uma maneira que os que vêm de fora têm de entender melhor um lugar onde muita coisa fica subentendida.

A maioria das culturas nacionais da Europa e da América do Norte pertence à categoria do baixo contexto. Muitas de nossas ligações com pessoas e lugares específicos são de curta duração. Por isso, poucas coisas são subentendidas. Nelas, instruções sobre como estacionar, como dar descarga no vaso sanitário e onde pedir suas refeições são mais facilmente encontradas. As culturas de baixo contexto podem ser mais fáceis de compreender do que as de alto contexto, porque, mesmo que você seja de fora, muitas das informações sobre como fazer as coisas são bem explícitas. Dá-se uma atenção especial às informações de como agir e se comportar. Veja o resumo na Tabela 5-3.

Tabela 5-3. Baixo contexto x Alto contexto

Valor	Baixo contexto	Alto contexto
Descrição	Enfatiza palavras explícitas. Valoriza a comunicação direta.	Enfatiza os papéis e uma compreensão implícita. Valoriza a comunicação indireta.
Exemplos	Estados Unidos Israel Austrália	Brasil China Emirados Árabes Unidos
Implicações para a liderança:		

- Para pessoas que vêm de culturas de baixo contexto: cuidado ao ridicularizar um lugar que "não se dá o trabalho" de dar nomes às ruas ou proporcionar instruções mais claras.
- Para pessoas que vêm de culturas de alto contexto: seja sensível na hora de receber indivíduos de lugares onde a importância do contexto é pequena, dando informações mais explícitas do que seriam necessárias para um colega de sua própria cultura.
- Descubra uma maneira de conseguir a comunicação e a compreensão necessárias. Desenvolva uma estratégia própria.

Individualismo x Coletivismo

Peter foi um dos seis australianos enviados por uma empresa de marketing (com sede em Sydney) para abrir uma filial em Xangai. Esses seis australianos dispunham de várias habilidades, entre elas web design, artes gráficas e redação. No início, Peter foi indicado para ser o diretor regional do escritório em Xangai. Apesar de os seis consultores de marketing serem australianos, Peter estava comprometido em contratar locais para preencher alguns serviços de apoio. E como seus próprios interesses vocacionais estavam mais voltados para as atividades criativas, ele queria encontrar alguém da cidade para ser o gerente do escritório com possibilidade de um dia essa pessoa se tornar diretor regional.

Seis meses depois de Peter ter se mudado para a China, fiz uma entrevista com ele. O australiano tem uma personalidade agradabilíssima e, assim que o conhece, faz você se sentir como um velho amigo que ele não vê há muito tempo. Peter me falou de seu compromisso de contratar pessoas da cidade, mas achava que estava em um beco sem saída. Ele tinha até conseguido contratar alguns funcionários para a equipe de apoio e para ajudar nas tarefas administrativas, mas não encontrara ninguém que fosse um sério candidato para gerente de escritório. Peter estava oferecendo um salário e um pacote de benefícios melhores do que o de muitas outras empresas em Xangai. E era bem explícito ao falar das perspectivas do emprego e sua vontade de passar ao contratado a função de diretor regional. Ele recebeu boas indicações, que o levaram a entrevistar vários indivíduos que ele teria tido o maior prazer em empregar. E, embora todos aqueles que Peter contatou tivessem demonstrado seu apreço por terem sido considerados, todos preferiram continuar com os atuais empregadores.

O valor cultural do individualismo *versus* coletivismo pode explicar o que aconteceu aqui. A Austrália é uma das culturas mais individualistas do mundo. Em culturas como a australiana, a americana e a inglesa, espera-se que os funcionários partam atrás de qualquer oportunidade que apareça para ter um emprego melhor, com um salário maior. Essas culturas são amplamente governadas pelo compromisso de um indivíduo fazer o que é melhor para si, desde que não perturbe os direitos dos outros. Peter tinha certeza absoluta de que uma das pessoas que ele entrevistara não deixaria passar aquela oportunidade.

Mas, em forte contraste com a Austrália, a China é um dos países mais coletivistas do mundo. As culturas coletivistas enfatizam a dedicação e a lealdade ao grupo, aí incluídos o "grupo" familiar, o "grupo" religioso e o "grupo" de trabalho. O funcionário chinês tem um alto grau de lealdade a seu empregador e, em contrapartida, espera o mesmo apoio e a mesma lealdade por parte da empresa, embora a crescente escassez de talentos na China esteja começando a derrubar esse valor. Essa também é uma forma de *guanxi*. O compromisso é com o que é melhor para o grupo. Tenho diversos amigos chineses que me disseram como toda a criação deles foi repleta de mensagens semelhantes dos pais:

— Quem se destaca em um grupo é como um dedo podre que vai acabar sendo decepado! Misture-se aos demais. Não vá causar nenhum constrangimento à família se destacando!

Além do mais, as culturas coletivistas geralmente são lugares onde salvar a própria pele é de enorme importância. O medo de sentir vergonha e constrangimento é tão comum às culturas coletivistas quanto o ato de respirar. Essa é uma força motriz por trás da maioria das interações ou, no mínimo, é um princípio em torno do qual são tomadas as devidas decisões. Mais tarde, Peter me telefonou e disse que tinha encontrado uma maneira criativa de lidar com o impasse de contratar a equipe de apoio. Ele fez uma parceria com uma empresa de Xangai, que oferecia exatamente o tipo de serviço que Peter e seus colegas precisavam. A firma chinesa concordou que, em algum momento, a empresa de Peter poderia contratar um de seus funcionários e passar a ser seu empregador. Por meio dessa parceria, ele descobriu um gênio administrativo que não se viu forçado a ser desleal com a própria empresa, enquanto conversava com Peter sobre a possibilidade de se tornar gerente do escritório.

Quando o McDonald's começou a abrir suas lanchonetes na Índia, outra cultura extremamente coletivista, logo aprendeu a adaptar seu programa de "empregado do mês". Ser apontado publicamente por um excelente trabalho é um fator de forte motivação numa cultura individualista, mas é um fator de desmotivação em um lugar onde você é educado para não se destacar. O McDonald's sabiamente adaptou seu programa motivacional para criar uma "lanchonete do mês". Entender a fonte principal da identidade — se o indivíduo ou o grupo — é um insight que irá determinar sua eficiência intercultural.

A maior parte do mundo é coletivista. Entretanto, a maior parte da literatura sobre negócios e liderança é escrita para pessoas individualistas. Portanto, é muito fácil acharmos que as perspectivas individualistas são a regra. Mas o que acontece é justamente o contrário. Compreender as implicações desse valor cultural é fundamental para aumentar seu conhecimento de IC. Veja o resumo da Tabela 5-4.

Tabela 5-4. Individualismo x Coletivismo

Valor	Individualismo	Coletivismo
Descrição	Ênfase no EU e na identidade individual. Prefere as decisões individuais e trabalhar sozinho.	Ênfase no NÓS e na identidade do grupo (família, local de trabalho, organização, tribo). Prefere as decisões conjuntas e trabalhar com os outros.
Exemplos	Estados Unidos Austrália Inglaterra	China Colômbia Emirados Árabes Unidos

Implicações para a liderança:

- Aprenda a motivar seus empregados. Os que vêm de uma cultura individualista provavelmente serão motivados pelos incentivos individuais, enquanto os que vêm de culturas coletivistas serão mais motivados se toda a equipe for bem-sucedida.
- Os que vêm de culturas individualistas precisam entender a importância das relações de longo prazo e das referências pessoais na hora de trabalhar com pessoas de culturas coletivistas.
- Os que vêm das culturas coletivistas precisam entender que uma parceria com uma organização de cultura individualista pode muito bem ser desenvolvida por intermédio de uma ou duas pessoas.

Distância para o poder: Alta x Baixa

Deixe-me explicar o próximo valor cultural, a *distância para o poder*, levando-o comigo até a Índia por um instante. Certo dia, quando eu estava me preparando para um módulo de treinamento em Nova Déli, tive uma conversa muito interessante com o meu contratante, Sagar:

— O material de treinamento já está impresso, Sagar?

— Ah, sim! Eles estão no birô aqui ao lado. Só preciso que alguém traga até aqui.

— Ah, ótimo! Eu mesmo vou até lá e pego.

— Não, não. Pode deixar que eu mando alguém pegar.

— É muita gentileza sua, mas não me incomodo nem um pouco. Estou mesmo precisando de exercício depois desse voo longo. Não tem problema. Eu dou um pulinho até lá e já volto.

— Não, por favor, espere um pouco. Enquanto tomamos um chá, alguém trará o material.

O que aconteceu? Será que Sagar só estava querendo ser educado? Eu deveria insistir em buscar o material ou será que sou muito orientado para resultados e estou deixando de perceber que Sagar quer tomar chá comigo? Ou será que ele está apenas tentando salvar a própria pele e impedir que eu descubra que o material ainda não foi impresso? Pode ser qualquer uma dessas opções. Interpretar as várias possibilidades desse tipo de diálogo é um dos dilemas que vamos analisar mais a fundo ao falar da estratégia de IC. Mas, posteriormente, quando repassei esse encontro com dois amigos indianos, além de ter lido algo a respeito em outro lugar, comecei a ver que esse conflito sobre quem deveria pegar o material impresso poderia estar relacionado principalmente às maneiras diferentes como eu e Sagar vemos a distância em relação ao poder.

128

Aparentemente, eu não tinha uma noção suficiente de meu status, na visão de Sagar. Uma cultura em que a distância para o poder é grande, a função de carregar livros e levar material de um lado para o outro pertence a certas pessoas, enquanto outras têm a responsabilidade de lecionar ou de ser executivas. Se eu tivesse saído e pego pessoalmente minhas coisas, teria sido uma verdadeira afronta a Sagar, provando que ele não sabia tratar bem um professor convidado. E talvez esse gesto tivesse até maculado a importância do curso. Aliás, o material apareceu bem na hora.[2]

A distância para o poder se refere à distância que separa os líderes de seus subordinados. Os países onde a distância para o poder é muito alta — como México, Índia e Gana — tratam seus líderes com um enorme respeito formal. Os títulos e a posição social são amplamente reverenciados, e não se espera que um subordinado questione seu superior. A distância para o poder mostra até que ponto as diferenças de status são aceitas e esperadas. Ela revela em que lugar está o poder e a maneira como ele é estruturado.

Novamente, esse valor varia não apenas nas culturas nacionais, mas também em outros contextos culturais, inclusive nas subculturas geracionais, profissionais e organizacionais. Quando você for visitar uma empresa, veja como as pessoas lidam com seus superiores, que tipos de títulos são usados e como isso é exibido. Como você é apresentado ao executivo-chefe e como a montagem do escritório insinua a dinâmica do poder? Não descarte esse tipo de observação quando estiver fazendo uma entrevista em uma nova organização ou quando procurar conquistar um cliente nesse novo contexto cultural.

Quando chegam para trabalhar nos Estados Unidos, indivíduos de culturas em que a distância para o poder é muito grande geralmente demonstram seu desconforto ao lidarem com autoridades, que é muito diferente do que eles encontram em seu país natal. Um engenheiro indiano certa vez me contou:

129

— A primeira vez que um supervisor me disse como resolver uma questão foi realmente um choque. Eu me perguntei: "Então, quem é que manda aqui?" Na Índia, é mais comum um superior dar uma resposta errada do que mostrar que não sabe de algo.

Uma estudante vinda da Indonésia, outra cultura em que a distância para o poder é muito alta, fez o seguinte comentário sobre sua experiência de estudar numa universidade americana:

— Fiquei surpresa e confusa quando, ao sair de Whittier Hall, o reitor segurou a porta para mim. [...] Fiquei tão confusa que nem consegui encontrar as palavras para expressar minha gratidão, e quase caí de joelhos, que é o que eu faria na Indonésia. Um homem de status muito superior estava segurando a porta para mim, uma mera estudante, um nada.[3]

E os Estados Unidos não chegam nem perto do grau mais baixo na escala de distância para o poder. Com 1 sendo o menor grau de distância para o poder, e 120, o mais alto, os Estados Unidos aparecem com 40 pontos, atrás do Canadá, da Alemanha e da Finlândia. A Áustria e Israel, com as respectivas marcas de 11 e 13, são os países onde a distância para o poder é menor. Nesses contextos em que a distância é pequena, os funcionários se sentem à vontade para ter uma vida social com seus líderes e tratá-los de igual para igual. Os subordinados têm a liberdade de questionar seus chefes e esperam ter alguma participação nas tomadas de decisão.

No Capítulo 1, sugeri que um dos motivos mais importantes pelos quais um líder precisa da inteligência cultural é ter de adaptar seu estilo de liderança à medida em que passa por culturas diferentes. Minha preferência é liderar e ser liderado por um estilo participativo, que denota uma distância pequena para o poder. Não sou um grande admirador de títulos formais e, para mim, quanto menos hierarquizado o organograma, melhor. Mas, à medida que entendo o quanto minha cultura (na qual as distâncias para o poder são pequenas) molda minhas preferências de liderança, ela também me ajuda a entender como uma grande distância para o poder molda os estilos de liderança que outras pessoas preferem. Em culturas nas quais a distância para o poder é muito alta, como a Índia, os subordinados esperam que seus líderes lhes digam exatamente o que fazer. No mínimo, se na Índia eu insistir em usar um estilo mais participativo, no qual os funcionários tenham mais poder, terei de encontrar uma maneira criativa de pensar em como fazer isso funcionar, levando em consideração que há vários estilos de liderança que poderão ser eficientes.

Considerar a relação entre as chamadas pessoas de alta posição e pessoas de baixa posição, e entre líderes e seguidores, é uma área importante que precisa ser compreendida. Os líderes que realmente se preocupam com a inteligência cultural vão evitar menosprezar um estilo de liderança que observarem em outra cultura e, em vez disso, procurarão compreendê-lo. Esse entendimento nos preparará para algumas das maneiras de ajustar nosso comportamento quando chegarmos ao quarto passo, que é a ação de IC. Observe o resumo da Tabela 5-5.

Tabela 5-5. Distância para o poder: Alta x Baixa

Valor	Baixa distância para o poder	Alta distância para o poder
Descrição	Espera-se que todos tenham direitos iguais. Está pronto para questionar e contestar a opinião dos superiores.	Espera-se que os donos do poder tenham direito a certos privilégios. Está pronto para aceitar e apoiar a opinião dos superiores.
Exemplos	Israel Áustria Inglaterra [Os EUA estão quase no meio da escala.]	China Emirados Árabes Unidos França

Desejo de evitar riscos: Alto x Baixo

O último valor cultural relevante para nossa discussão é o desejo de *evitar riscos*. Ele mostra até que ponto a maioria das pessoas de uma determinada cultura se sente à vontade com o que é desconhecido. As culturas que têm forte desejo de evitar riscos são lugares em que os indivíduos se sentem pouco à vontade com o risco e as ambiguidades. Dispõem de pouca tolerância com o desconhecido. Aqueles que moram nesse tipo de cultura fazem de tudo para reduzir as incertezas e as ambiguidades e criam estruturas que ajudam a garantir certo nível de previsibilidade. Por exemplo, um executivo que comande uma equipe formada por pessoas que venham principalmente das culturas dominantes da Grécia, do Japão e da França faria muito bem ao dar instruções e cronogramas claros de como e para quando eles querem que um determinado trabalho esteja feito. Simplesmente dizer a um funcionário que ele deve elaborar um plano para resolver determinado problema criaria todo tipo de transtorno para uma pessoa que sempre foi orientada para evitar as incertezas.

Por outro lado, as culturas que não evitam correr riscos, como é o caso da Grã-Bretanha, da Jamaica e da Suécia, não se sentem ameaçadas pelas situações de incerteza e pelo que vem pela frente. Nelas é mais fácil encontrar instruções genéricas, várias maneiras de fazer as coisas e prazos mais frouxos. São lugares que aceitam bem a ambiguidade e a imprevisibilidade. Essas culturas tendem a criar resistência a normas e leis muito estritas, e as pessoas têm maior tendência a aceitar opiniões diferentes das delas.

O desejo de evitar riscos também é uma maneira de entender as diferenças que existem entre duas culturas que de outra forma são bem parecidas. Por exemplo, a Alemanha e a Grã-Bretanha têm muito em comum. As duas estão na Europa Ocidental, falam uma língua germânica, tiveram mais ou menos a mesma população (antes da reunificação da Alemanha) e a família real britânica é descendente de alemães. Mesmo assim, a pessoa que compreende o desejo de evitar riscos vai perceber rapidamente as diferenças consideráveis entre morar em Frankfurt e morar em Londres. A pontualidade, a ordem e a estrutura são *modus operandi* comuns na cultura alemã, ao passo que os ingleses são muito mais tranquilos em matéria de tempo e de prazos e tendem a ser menos preocupados com a precisão do que os alemães. Isso pode ser explicado, em parte, pelos diferentes pontos de vista que as duas culturas têm em relação ao desconhecido. Mas tome cuidado. Como sempre dissemos, não podemos partir de premissas radicais de como todos os ingleses e todos os alemães vão lidar com o risco e a incerteza. Esses valores culturais formam apenas um aspecto da aplicação da inteligência cultural. Mas são um ponto bastante útil para se imaginar como nossa liderança vai transcorrer na hora de lidar com níveis diferentes de tolerância em relação ao ambíguo e ao desconhecido.

Eu já ministrei mais cursos em Singapura do que em qualquer outro lugar do mundo. Alguns estudos erroneamente classificam este país como um lugar onde o desejo de evitar riscos é pequeno. Isso quer dizer que os habitantes locais, assim como os ingleses, gostam de ambiguidades e conclusões abertas. Mas, embora Singapura seja uma nação cosmopolita e que aceita muitas orientações de valor, em geral, a cultura dominante de lá é orientada para não correr riscos, e isso é medido por um grande desejo de evitar as incertezas.[4] Não é nenhuma novidade eles me pedirem de antemão cerca de 12 ou 15 vezes, antes de dar um curso para alunos locais, para explicar detalhadamente do que vou tratar num seminário. Mesmo depois de dar a explicação mais completa possível, eles geralmente ainda me pedem mais uma rodada de detalhes. Da mesma forma, quando morávamos lá, minha mulher e eu recebíamos avisos reiterados dos pais singapurianos para não deixar que nossos filhos brincassem livremente nos brinquedos do parquinho. Pelo visto, a aversão cultural aos riscos fazia com que eles fossem extremamente cuidadosos na maneira como deixavam os filhos brincar. Seja na hora de investir, de analisar as diferentes tradições religiosas ou os métodos de ensino, a orientação tradicional na cultura de Singapura se vê muito mais à vontade com limites certos e com a previsibilidade. Um governo extremamente presente e cheio de regras costuma ser visto pelos habitantes locais como um preço pequeno a pagar pela segurança e pela certeza. Veja o resumo da Tabela 5-6.

Tabela 5-6. Desejo de evitar riscos: Baixo x Alto

Valor	Baixo desejo de evitar riscos	Alto desejo de evitar riscos
Descrição	Preferem poucas regras, pouca estrutura e apenas algumas linhas mestras. Toleram situações imprevisíveis e que fujam à estrutura.	Preferem regras escritas, estruturas e normas rígidas. Não se sentem à vontade em situações imprevisíveis e que fujam à estrutura.
Exemplos	Jamaica Suécia Malásia [A China e os EUA estão no meio da escala.]	Grécia Emirados Árabes Unidos Japão

Implicações para a liderança:

- Ao trabalhar com pessoas que tenham alto desejo de evitar riscos, atue de forma a minimizar as ambiguidades e a ansiedade que elas trazem sobre o futuro. Use prazos e objetivos bastante explícitos. Faça pequenas propostas de mudança com uma estratégia muito bem comunicada.
- Ao trabalhar com pessoas que tenham baixo desejo de evitar riscos, evite as afirmativas dogmáticas e um excesso de rigidez. Convide-as para uma aventura e para explorar o desconhecido.

Executivos que tenham a mesma mentalidade de Jeff, o americano que estava convicto de que "gente é gente e negócios são negócios", não são capazes de sustentar um trabalho em equipe que envolva pessoas de culturas diferentes. Em muitos casos, o fracasso de um líder em compreender as profundas diferenças entre uma abordagem individualista em relação à vida e outra mais coletiva acaba levando-o a estacionar ou até mesmo a regredir na carreira. Contrastando com isso, líderes que cuidam de aumentar seu conhecimento de IC são capazes de entender como os valores culturais dão forma ao desempenho das equipes.

Voltando à Tabela 5-1, você pode ter uma visão geral de como as diversas culturas variam nos cinco valores culturais que acabamos de analisar. Evidentemente, você verá suas próprias tendências em cada uma dessas áreas. Esses valores culturais podem nos ajudar a responder às perguntas que devemos fazer ao passar pelo segundo passo do círculo da IC. Mas ainda há mais uma maneira de se desenvolver o conhecimento de IC: pela *língua*.

Entender línguas diferentes

Há alguns anos, a Dairy Association lançou uma campanha de marketing extremamente bem-sucedida nos Estados Unidos apoiada no slogan "Got Milk?". Infelizmente, quando a campanha foi exportada para o México, a tradução dizia "Está amamentando?".[5] Existem inúmeros outros exemplos iguais a esse. Uma empresa americana de software viu o nome de sua indústria ser traduzido como se fosse uma firma de "lingerie" na hora do lançamento internacional. Uma empresa europeia não conseguiu vender suas sobremesas de frutas e de chocolate nos Estados Unidos porque se chamava "Zit" (espinha), e o mesmo aconteceu com a empresa da Finlândia que tentava vender seu "Super Piss" ("supermijo"), um produto para descongelar fechaduras de carro. Esses exemplos podem parecer engraçados, mas o desafio da língua vai além de uma tradução esquisita. A Microsoft sofreu resistência em muitas regiões do mundo em relação ao ícone "Meu computador". A implicação intrínseca de propriedade privada, que não é comum nas culturas em que não existe proteção a esse tipo de propriedade, gerou uma enorme onda de indignação dos consumidores em relação a suas subsidiárias em lugares de natureza coletivista.[6] Esse é um exemplo de como um valor cultural como o individualismo *versus* coletivismo dá forma à língua e tem um impacto prático.

Basta ler qualquer livro sobre liderança eficiente e você verá que um dos temas mais recorrentes é o papel fundamental de uma comunicação clara e consistente. A comunicação — seja na hora de criar uma campanha de marketing, escrever um memorando ou colocar uma visão no papel — está diretamente ligada à cultura. Tem gente que diz que língua e cultura são a mesma coisa, indicando que os esquimós têm diversas palavras para se referir à neve e muito poucas para descrever frutas tropicais. E o contrário também vale para alguns países tropicais. A língua e a cultura evoluem juntas na medida em que as pessoas vivem de acordo com o ambiente que as cercam. Para aumentarmos nosso conhecimento de IC, precisamos entender algumas coisas básicas sobre linguagem e comunicação, e sua relação com a cultura.

Algumas empresas americanas simplesmente dizem, com certo descaso, que "o inglês está se tornando a língua geral dos negócios internacionais". Mas, na verdade, o inglês é apenas uma das principais línguas do mundo dos negócios e a língua-mãe de apenas 5% da população mundial.[7] Os executivos que falam mais de uma língua têm uma vantagem sobre aqueles que não falam, porque, quando se domina um idioma fluentemente, falar *e pensar* no tal idioma se torna algo quase automático e subconsciente. Somos capazes não apenas de nos comunicar mais facilmente com os outros que falam aquela língua como também ganhamos uma noção muito melhor de como eles rotulam o mundo. O idioma fornece uma maneira de entender o que está acontecendo, que é muito mais difícil de se obter por tradução. A empresa Jaguar descobriu a importância da linguagem quando começou a dar cursos de alemão *in house* para aumentar sua concorrência na Alemanha contra as montadoras locais, Mercedes e BMW. Um ano depois, as vendas na Alemanha subiram em 60%.[8]

Se você só fala uma língua, pense em se inscrever num curso de introdução a um idioma estrangeiro ou contratar um professor particular. Há uma boa chance de você não ter de ir muito longe para encontrar alguém capaz de lhe ensinar o básico. Embora tornar-se fluente seja realmente o ideal, o simples processo de aprender uma língua estrangeira já contribui enormemente para um aumento em seu conhecimento de IC. Você pode se ver inovando e liderando de maneiras diferentes pelo simples fato de estar aprendendo uma nova língua.

A compreensão de uma língua pode ser motivo de controvérsia até mesmo ao se trabalhar com pessoas que falam o mesmo idioma que você. Expressões com significados diferentes podem render várias confusões entre americanos, ingleses, indianos e australianos, só para citar alguns.

E desafios semelhantes de comunicação ocorrem ao se mudar de profissão ou de empresa. Um acadêmico que quer dar uma palestra para um grupo de executivos precisa traduzir a linguagem acadêmica para se comunicar eficazmente naquele contexto corporativo. Com frequência, entro em contato com pessoas que trabalham em certas profissões das quais não conheço muito bem, como médicos, bioquímicos ou fabricantes de automóveis. E percebo imediatamente as diferenças de inteligência cultural entre aqueles que me falam de seu trabalho numa linguagem que consigo entender em contraposição àqueles que usam todo um jargão técnico que para mim não faz o menor sentido. Médicos e enfermeiras que têm conhecimento de IC sabem adaptar suas linguagens verbais e não verbais na hora de explicar seu diagnóstico aos membros de uma família, ao contrário do que fazem com seus colegas de profissão. Com o conhecimento de IC, compreendemos que as palavras que utilizamos partem de uma série de contextos culturais que moldam quem somos. E com isso vem boa parte dos significados subentendidos. Como vamos ver no terceiro passo do ciclo de inteligência cultural — a estratégia de IC —, um melhor conhecimento da cultura ajuda a aferir se outras pessoas podem entender o que estamos dizendo com base nas palavras que utilizamos para nos expressar.

Há pouco tempo, me envolvi com uma ONG que com dez anos de existência. Ela conseguira um alto grau de sucesso em suas metas de desempenho nos primeiros sete anos de atuação. Mas as atividades da ONG e seus recursos vinham enfrentando um sério declínio nos últimos dois anos. Um dos pontos que foram observados, ao falar com várias pessoas da equipe e outros colaboradores, era uma aversão fora do comum a tudo que soasse institucional ou "empresarial". Um executivo que acompanhou a organização descreveu-a como possuindo anticorpos no sistema a qualquer coisa que parecesse remotamente corporativa. O conselho diretor dessa ONG estava no meio do processo de escolha de um novo CEO. Parte da aplicação da inteligência cultural nesse caso era mudar o título do líder principal de CEO para chefe de equipe. É claro que, se a única mudança fosse no nome do cargo, a aversão contra a cultura corporativa só teria sido resolvida por alguns segundos. Porém, essa mudança de linguagem foi o primeiro passo para se desenvolver um plano de liderança feito sob medida para o *ethos* dessa organização, expressa numa linguagem que combinava com aquelas pessoas.

A comunicação, tanto a formal quanto a informal, é a prática mais importante de uma boa liderança. Muitos dos problemas que acontecem numa organização são o resultado direto de os indivíduos não conseguirem se comunicar de uma forma que realmente facilite a compreensão. Aprender a linguagem adequada para um contexto cultural fornece o entendimento necessário para flexibilizar a comunicação, um ponto a que nós vamos voltar no passo quatro, que trata da ação de IC.

Conclusão

Veja estas reflexões escritas por um norte-americano em viagem ao Peru:

Ontem à noite, pegamos um avião de Iquitos para Lima. Os problemas começaram assim que aterrissamos. [...] O aeroporto parecia um galpão aos pedaços. Mas eles com certeza levavam a sério a conferência de bagagem. Não nos deixaram passar antes de checar as etiquetas das malas. *Acho que eles têm de fazer isso aqui ou as bagagens serão roubadas.*

Deveríamos encontrar nossos anfitriões peruanos às 9 horas. Mas *as pessoas não são muito pontuais por aqui.* Talvez elas devessem fazer um bom curso de administração do tempo.

O que eu não daria por alguma coisa normal esta noite! Um belo hambúrguer, uma bebida bem gelada e uma salada cairiam muito bem. Mas, em vez disso, acho que vou encarar mais um prato de arroz com feijão.

Independentemente de o pedido por uma "comida normal" partir de minha filha ou de um companheiro de viagem, não me incomodo mais com essas declarações etnocêntricas. Elas são realmente comuns. Mas ler esse diário me impressionou, porque quem escreveu essas frases fui eu mesmo! Há pouco tempo, encontrei esse relato, que escrevi aos 18 anos, em minha primeira viagem ao exterior. Minha filha Emily deu boas gargalhadas quando lhe falei que eu dizia aos 18 anos coisas que ela parara de dizer antes de chegar aos 8.

A ignorância cultural não precisa durar para sempre. Isso é o mais encorajador. Todos nós podemos avançar conforme entendemos a cultura. O ponto de partida para o conhecimento de IC é compreender como uma cultura formata os pensamentos e o comportamento. É entender o que é universal, cultural e pessoal. E nós desenvolvemos nosso conhecimento de IC compreendendo os sistemas culturais, os valores e a língua.

MELHORES PRÁTICAS PARA O CONHECIMENTO DE IC

1. *Aprenda uma língua estrangeira.* Você, provavelmente, não vai ter de ir muito longe para encontrar um professor. As pessoas

nativas do idioma geralmente são os melhores professores. Até o simples fato de aprender algumas frases ajuda bastante quando se viaja para o exterior.

2. *Leia romances e memórias de autores estrangeiros.* Livros como esses fornecem uma moldura conceitual para pensarmos em cultura, mas existe algo muito mais visceral quando se lê um romance como *O caçador de pipas* ou se vê um filme como *Crash*, para aumentar o conhecimento de IC. Entre num mundo novo lendo romances, autobiografias e filmes que se passem em outros lugares. Visite o site www.davidlivermore.com (em inglês) para outras sugestões.

3. *Informe-se sobre o que acontece no mundo.* Procure várias fontes para saber mais do que somente as últimas fofocas de Hollywood. A BBC World News é uma das melhores fontes, assim como a www.worldpress.org (em inglês). E acesse o site da Al Jazeera para ver os mesmos acontecimentos descritos de uma maneira diferente. Ao viajar, leia algo diferente do *USA Today* para ter uma perspectiva local.

4. *Procure obter alguns conhecimentos básicos sobre o lugar que você viu visitar.* Ser um expert nos detalhes de uma determinada cultura não é o fator mais importante do conhecimento de IC. Mesmo assim, pode ser útil visitar um site como o http://news.bbc.co.uk/2/hi/country_profiles/default.stm (em inglês). O objetivo é ter um resumo básico sobre um país, sua história e as principais questões que afligem a população, de modo que se tenha pelo menos um ponto para dar início a uma conversa.

5. *Vá a um supermercado local.* Ver como os produtos são expostos num supermercado em comunidades etnicamente diferentes pode ser uma maneira fascinante de observar as diferenças culturais. Cuidado na hora de fazer suposições baseado naquilo que vê, mas observe o que é igual e o que é diferente do lugar onde você habitualmente faz suas compras.

CAPÍTULO 6

DESLIGUE O PILOTO AUTOMÁTICO: A ESTRATÉGIA DE IC (PASSO 3)

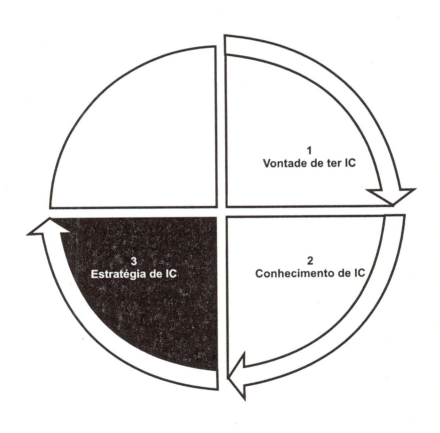

PASSO 3: ESTRATÉGIA DE IC: Como devo planejar?

Idealizando a estratégia e dando sentido às experiências
culturalmente diferentes

Perfil de um líder com ótima estratégia de IC	Líderes com ótima estratégia de IC conseguem desenvolver maneiras de utilizar o entendimento cultural para planejar o que fazer em novas situações interculturais. Esses líderes são mais capazes de monitorar, analisar e ajustar seus comportamentos em diferentes contextos culturais. Eles sabem o que têm de aprender sobre uma cultura com a qual não estão familiarizados.

Não estou interessado apenas em pesquisar e escrever sobre inteligência cultural. Meu desejo é aplicá-la à minha prática pessoal de liderança. Mas ainda há muitas ocasiões em que pareço um ignorante cultural completo. Por exemplo, minha tentativa de descobrir se o Dr. Jones era um trapaceiro (ver Capítulo 1) se baseava numa orientação americana, que busca uma comunicação direta e explícita. Tenho pouca paciência para ficar tentando esconder um elefante no meio de um salão e, apesar de certamente apreciar a diplomacia, minha maneira de agir é simplesmente tratar diretamente de um conflito. Quando cheguei ao aeroporto de Monróvia, tive condições de dar um passo atrás e ver por que Tim, o americano de origem liberiana que estava chegando para passar duas semanas, não estava se entendendo com o carregador. Pude ouvir as histórias de meus companheiros de café da manhã e as situações confusas em que eles se encontravam, mas não pensei em como minha abordagem direta de dar nome aos bois funcionaria na Libéria.

Se você me perguntasse sobre alguns dos valores encontrados na cultura liberiana, eu poderia lhe falar na mesma hora sobre o alto grau de lealdade e de compromisso presentes nas relações. Acho até que poderia dizer que vale mais a pena livrar a cara de um amigo e colega do que dar uma informação exata para um estrangeiro. Mas eu não soube usar meu conhecimento para efetivamente conseguir o que queria — saber exatamente se deveríamos estabelecer a parceria com o Dr. Jones e o Madison College. Foi apenas quando dei um passo atrás e pensei no que aconteceu, e dei ouvidos ao comentário de Moses, que comecei a perceber que tinha colocado o Dr. Harris em um beco sem saída. A capacidade de ligar o entendimento cultural à maneira como lideramos na prática é nosso objetivo ao tratar da estratégia de IC. A conversa poderia ter sido mais frutífera se eu tivesse passado mais tempo planejando como lidar com o Dr. Harris e como tocar num assunto sensível.

No dia seguinte, Moses e eu nos encontramos com mais um liberiano que costumava dar aula no Madison College e, consequentemente, conhecia o Dr. Jones, o suspeito de fraude. Depois de passar algum tempo pensando na conversa que tive com o Dr. Harris no dia anterior, decidi adotar uma abordagem diferente. Ao contrário de minha atitude objetiva, de ir direto ao assunto, que é mais comum para mim, perguntei sobre os vários aspectos positivos do Dr. Jones e de sua instituição de ensino. Num determinado momento, Moses pediu licença e foi atender a um telefonema, e aí perguntei ao executivo com o qual estávamos nos encontrando:

— Qual você acha que seria nossa maior dificuldade numa parceria com a faculdade do Dr. Jones?

Eu havia formulado a pergunta de uma maneira que ele pudesse responder sem que isso fosse considerado uma crítica ao Dr. Jones e à instituição dele. O executivo falou de várias questões com as quais eu deveria ter cuidado, muitas bem parecidas com o tipo de crítica que haviam sido feitas por Moses. A crítica dele continuava sendo indireta — mas também muito clara.

A estratégia de IC é aquilo que fazemos com todo o aprendizado obtido com o conhecimento de IC. Ela nos ajuda a descer abaixo da superfície e mergulhar em questões sutis, mas poderosas, que geralmente fazem nossa liderança dar certo ou dar errado. Consequentemente, a estratégia de IC é a ligação-chave entre o entendimento cultural e um comportamento que efetivamente leva a uma liderança eficaz.

O ato de dirigir um automóvel geralmente serve como metáfora para a estratégia de IC. Quando dirijo em cidades e lugares que conheço, posso fazer várias coisas ao mesmo tempo. Posso ligar o piloto automático e também o rádio, enquanto converso no celular ou pessoalmente, com meus companheiros de viagem. Mas quando dirijo numa cidade que não conheço e tenho de chegar a um determinado destino, preciso ir mais devagar, desligar o rádio e reduzir a conversa ao mínimo. Dirigir em um lugar novo exige muito mais atenção. E isso é ainda mais importante se eu estiver em um lugar onde se dirige pela esquerda. Sinto-me muito mais à vontade ao dirigir em um local desconhecido se eu tive cuidado suficiente para imprimir as instruções numa folha de papel. Às vezes, as instruções pelo computador não levam em conta uma obra inesperada. Por isso, mesmo ao planejar com antecedência, tenho de me manter atento para saber se estou mesmo me dirigindo ao destino correto. Já deu para entender, não é? Isso é o que a estratégia de IC faz pela liderança intercultural. Ela exige que nós desliguemos o piloto automático e que fiquemos atentos e mais conscientes ao que nos cerca, em uma nova situação cultural. Do mesmo modo que acontece quando dirigimos em um lugar que não conhecemos, há uma série de processos que fazem parte da estratégia de IC. E existem três subdimensões importantes para essa estratégia: a *consciência*, o *planejamento* e a *verificação*.[1] São três maneiras importantes para aumentar nossa estratégia de IC.

COMO DESENVOLVER A ESTRATÉGIA DE IC

Seja mais consciente.

Planeje suas interações interculturais.

Verifique sempre se seus planos e suas premissas são apropriados.

Pergunta fundamental: O que eu preciso saber para ter êxito nessa missão intercultural?

Seja mais consciente

A estratégia de IC começa simplesmente diminuindo sua velocidade por minuto por tempo suficiente para nos tornarmos mais conscientes do que está acontecendo interna e externamente, enquanto lideramos entre culturas diferentes. Ter consciência é simplesmente dar um passo atrás e refletir sobre o que estamos fazendo. É aprender a ter a disciplina de ver aquilo que geralmente não percebemos. A consciência é uma das ferramentas principais que nos permitem distinguir os três níveis do iceberg: o que é universal, cultural e pessoal. A consciência leva a melhores decisões e a um desempenho geral melhor.

As tradições religiosas têm muito a contribuir para nossa melhor compreensão sobre a consciência. Por exemplo, os ensinamentos de Buda pedem a seus seguidores para ficarem deliberadamente parados e em silêncio, para se tornarem totalmente conscientes do que acontece no corpo, na mente e na consciência. Os budistas são incentivados a aplicar esse mesmo tipo de conscientização a seu meio ambiente, de modo a ficarem totalmente "presentes".[2] Da mesma maneira, muitos autores cristãos convocam seus seguidores a utilizar a contemplação como uma maneira de conectarem-se consigo mesmos, com os outros e com Deus. Os cristãos costumam usar a consciência para ajudá-los a refrear seus vícios e levar uma vida virtuosa.

Em um contexto intercultural, isso significa deixar de lado algumas das atitudes automáticas de que lançamos mão para fazer as coisas em contextos mais conhecidos. Boa parte de nossa liderança e nossas ações cotidianas são feitas sem pensar. Desenvolvemos hábitos e padrões semiautomáticos como uma maneira de simplificar nossa vida. A maioria de nós escova os dentes do mesmo jeito todos os dias. Mesmo as pessoas que não fazem muitas coisas ao mesmo tempo podem tranquilamente assistir ao noticiário ou ouvir uma conversa enquanto escovam os dentes. Esse mesmo tipo de comportamento semiautomático entra em ação durante o início do ano, quando escrevemos automaticamente uma data que remete ao ano anterior, ou ligamos a seta do carro ao nos aproximarmos de um cruzamento. Preparar a pauta para uma reunião com a equipe ou redigir um memorando pode não ser tão semiautomático como nos exemplos anteriores, mas, depois de fazer isso muitas vezes, todos nós passamos a tratar esses assuntos de liderança sem precisar de um grande esforço de consciência.

No entanto, quando nos tornamos mais autoconscientes, aprendemos a importância de desligar parte dos comportamentos semiautomáticos ao entrar em um novo contexto. Eu escovo os dentes de uma maneira diferente quando passo por várias partes do mundo em desenvolvimento, porque meu sistema imunológico não está acostumado à água da pia desses países. Nós também deveríamos pensar em modificar algumas das tarefas de liderança que executamos de forma semiautomática. Comunicar algo através de um memorando pode ser perfeito quando trabalhamos juntos em um escritório, mas será que essa é a melhor maneira de nos comunicarmos com a equipe que está em outro continente? Ou imagine o exemplo de preparar-se para uma apresentação pública, que é algo que líderes têm de fazer com frequência. Duvido que alguém iria querer falar em público sem pelo menos ter alguma ideia do assunto a ser abordado. Mas aqueles que dão palestras quase sempre estão acostumados a aferir semiautomaticamente como suas apresentações estão sendo recebidas. Nós verificamos intuitivamente se o público está atento e interessado.

Um estudo que realizei analisou o que acontecia quando executivos norte-americanos viajavam para dar workshops de uma semana em países da África e da América do Sul. Todos os professores norte-americanos descreveram a ansiedade com que os executivos locais queriam aprender. Os líderes norte-americanos observaram que seus correspondentes locais tinham uma verdadeira fome pelo que estava sendo ensinado. Agora, observe a diferença entre o que um professor norte-americano disse comparado ao que disseram os sul-africanos que fizeram seu curso.

Professor norte-americano, descrevendo o curso que deu na África do Sul:	Executivo sul-africano que participou do curso:
"Eles ficaram tão interessados... Ouviram tudo com a maior atenção e sem se levantar para ir ao banheiro, nem me interrompendo a cada cinco minutos. O salão estava muito quente e úmido, mas isso não os desanimou. Foram todos muito respeitosos."	"Eu fico feliz por ele ter se sentido respeitado. Mas ele tem de entender que nós jamais pensaríamos em interromper ou sair no meio da apresentação de um palestrante. Seria inconcebível fazer isso com um professor, ainda mais se tratando de um estrangeiro. Mas isso não quer dizer, necessariamente, que o que ele falou tenha sido interessante."

A avaliação feita por esse professor poderia ser relativamente exata num contexto norte-americano, mas, em geral, os executivos sul-africanos que participaram do workshop deram notas muito baixas à relevância e ao valor do treinamento que receberam dos executivos. Com um pouco mais de consciência, esses profissionais poderiam fazer uma pausa para refletir sobre o tipo de retorno que receberam da plateia.

Ter consciência é um processo ativo. Consiste em compreender o entendimento cultural derivado de IC para entender como a cultura molda uma situação. É desligar os impulsos semiautomáticos, suspender as premissas por algum tempo e se manter consciente ao longo de toda a experiência intercultural.

Interpretar acontecimentos e comportamentos já é difícil em um contexto cultural conhecido. Mas é extremamente difícil quando entramos em um ambiente desconhecido. A consciência nos prepara para as adaptações que são mais pertinentes nos ambientes interculturais. Geralmente, eu faço um exercício mental na primeira vez em que entro no escritório de uma empresa para discutir uma proposta de negócios. Observo, sem tentar interpretar algo desses fatos, o que está pendurado na parede, a decoração do escritório, a maneira como os funcionários estão vestidos e os títulos dos diversos cargos. Pergunto a mim mesmo: quem foi convidado para a reunião e para discutir a proposta de negócios? Quase ao mesmo tempo em que faço essas observações, também faço julgamentos e interpretações. Quem é o chefe? Quem toma a decisão final sobre o projeto? Quais são os interesses particulares por trás de cada pessoa sentada à mesa?

A estratégia de IC, que é o terceiro passo do ciclo da IC, é a maneira como nós respondemos aos *por quês* ocultos, atrás daquilo que vivenciamos e observamos. *Por que* uma negociação parece sempre envolver a dinâmica que descrevemos aqui. *Por que* a liderança dessa organização é estruturada dessa maneira? *Por que* a sala é decorada desse jeito? A principal maneira de se responder a tudo isso é simplesmente tornando-se mais consciente. Baseado em nossa compreensão das pessoas e das culturas, interpretamos o que está acontecendo em um determinado lugar. Quando nos encontramos em um ambiente conhecido, esse processo ocorre com pouco esforço. Nós sabemos que devemos cumprimentar um colega de trabalho de uma maneira diferente da que cumprimentamos um amigo. Podemos facilmente vender alguma coisa ou demonstrar empatia por um subordinado sem que seja necessário muito esforço consciente. Se tivermos um mínimo de inteligência emocional, saberemos como tratar de um conflito e como nos comunicar em um contexto familiar. Porém, com uma atenção mais apurada, perceberemos que tudo isso talvez tenha de ser feito de maneira diferente, em um outro contexto cultural. O humor sarcástico que, às vezes, serve para reforçar a informalidade e o companheirismo em uma cultura organizacional, pode destruir a confiança em outra. Recusar um convite para jantar pode destruir um negócio em determinado contexto cultural e não ter consequência alguma em outro.

A consciência é parte de seu repertório geral de IC. Não é uma técnica que só o ajudará em um determinado lugar ou em uma certa situação. Ela pode ser aplicada em entre contexto cultural. Quando nos tornamos mais adeptos da consciência, podemos dar um passo extra com essa técnica e nos tornarmos intencionalmente conscientes de nós mesmos e das outras pessoas.

Autoconsciência

A primeira vez em que falamos de aumentar nossa vontade de ter IC, no Capítulo 3, foi quando vimos a necessidade de sermos honestos conosco mesmos sobre o nível de interesse que temos em uma determinada tarefa intercultural. Um tipo parecido de introspecção é igualmente importante para a estratégia de IC. Se, no Passo 3, nós continuarmos com a mesma honestidade que demonstramos no Passo 1, isso nos ajudará a formular os devidos planos para uma tarefa intercultural. A autoconsciência não é um mundo novo para a maioria dos executivos. Nos últimos anos, houve uma verdadeira avalanche de livros sobre liderança dedicados a ajudar executivos a ficarem mais conscientes de si mesmos através de ferramentas como perfis de personalidade e avaliação de forças. As descobertas que fazemos através desse tipo de recurso podem nos ajudar a melhorar nossa estratégia de IC. Por exemplo, minha maior força no Clifton's StrengthsFinder é "realizador", característica daqueles que sentem enorme prazer no trabalho duro e na produtividade.[3] E é muito útil eu ter isso em mente ao trabalhar em culturas mais relaxadas, nas quais os relacionamentos têm prioridade sobre o trabalho. Pela consciência, compreendo melhor a sensação de frustração pessoal que sinto quando sei que não tive um dia muito produtivo. Também posso amenizar um pouco de minha própria frustração ao redefinir *produtividade* em termos de relações, ao trabalhar em culturas mais voltadas para os relacionamentos. Com uma consciência maior, transcendemos o fato de nos definirmos pela nossa irritação ou frustração e procuramos ver o que está por trás disso.

Até que ponto conseguimos ser autoconscientes, seja ao liderarmos ou nos relacionarmos com outras culturas, parte do nível de conhecimento de IC que temos sobre o contexto. E quando nos tornamos cientes de como nosso próprio comportamento é formado pela cultura e de como os outros têm uma tendência a nos perceber, conforme nosso contexto cultural, podemos começar a fazer os devidos ajustes nessas percepções. Por exemplo, uma coisa é entender que a guerra e o seriado *S.O.S. Malibu* são duas imagens predominantes que muita gente associa aos americanos. Mas, com a devida consciência, os executivos americanos podem procurar pistas para saber se os não americanos com os quais estão interagindo têm essa percepção.

A autoconsciência é mais do que ficar olhando para o próprio umbigo. Ela nos oferece um controle maior sobre as muitas horas e dólares que investimos trabalhando com parceiros pelo mundo. A fadiga e a exaustão são as duas consequências mais negativas que os executivos associam à necessidade cada vez maior de trabalhar com uma vasta gama de culturas e em fusos horários diferentes. A autoconsciência é uma estratégia-chave para eliminar boa parte da frustração, da fadiga e da exaustão que acontecem em um trabalho intercultural.

Consciência dos outros

À medida que obtemos uma compreensão do que está acontecendo internamente, precisamos aplicar o mesmo tipo de consciência e entendimento em relação aos outros e ao ambiente que nos cerca. Fiz uma pesquisa, que ainda não terminou, sobre as experiências dos norte-americanos que realizam trabalho voluntário em outros continentes por uma ou duas semanas. A maioria dos voluntários viaja para países em desenvolvimento, onde ajudam em trabalhos de socorro e instalam clínicas médicas, dão aulas de inglês ou se dedicam a algum trabalho missionário religioso. De todos os comentários feitos pelos viajantes norte-americanos, a afirmativa mais comum quando eles voltam é algo assim:

— Apesar de aquelas pessoas não terem quase nada, *elas são tão felizes!*

É tocante ouvir um grupo de norte-americanos relativamente bem de vida comentar que é possível ser feliz com tão pouco. Minha pergunta é: será que tais pessoas que eles observam realmente são felizes? Já perguntei a centenas desses voluntários: "O que o faz pensar que esses indivíduos são felizes?" A resposta mais comum é: "Porque eles vivem rindo. E são tão generosos com a gente! Eles nos davam mais comida do que tinham."

Parte de se tornar mais consciente dos outros exige uma diminuição de nosso ritmo e que nos perguntemos: o que um comportamento que tem determinado significado para nós pode significar numa cultura diferente? A *observação* feita por esses viajantes americanos geralmente é correta: os habitantes locais que eles conhecem costumam ser sorridentes e generosos. A pergunta é se os norte-americanos estão *interpretando* corretamente o que esse comportamento significa.

Em primeiro lugar, se você não fala a língua da região e está sendo apresentado a alguém, o que deve fazer? Depois de algumas infrutíferas tentativas de dizer coisas como *Hola!*, *Gross Got!* ou *Nee*

how!, geralmente vem uma risadinha nervosa. É realmente constran-
gedor. Portanto, os habitantes locais podem estar realmente expres-
sando felicidade, mas os sorrisos também podem ser uma resposta
nervosa.

Acrescente-se a isso que, em lugares como a Tailândia, onde existem 23 tipos de sorrisos diferentes, cada um comunica algo diferente.
E numa pequena comunidade da Nova Zelândia, extremamente educada, um sorriso é uma reação que expressa que eles se sentiram profundamente ofendidos.[4] Como venho dizendo há muito tempo, a
questão não é aprender as nuances de todos os significados. Mas,
tendo maior consciência dos outros, uma pessoa poderá perceber que,
embora um sorriso possa significar uma felicidade autêntica, também
pode significar apenas uma resposta intercultural nervosa, que diz
muito pouco sobre o grau de felicidade de alguém. A consciência munida pelo conhecimento de IC nos ajuda a fazer interpretações mais
exatas.

Eis algumas outras maneiras de se tornar mais consciente ao lidar
com uma força de trabalho e uma base de clientes de culturas diferentes:

- Passe pelo menos 50% do tempo de contato direto que você
  tiver, *escutando*.
- Marque compromissos regulares com seus parceiros globais
  "só" para ouvir os insights deles.
- Pergunte aos funcionários das lojas de vários lugares o que vende mais. E não deixe de levar em consideração o que eles observam na linha de frente.
- Procure várias fontes de informação. Entre no YouTube e veja
  ao que as pessoas de várias partes do mundo estão assistindo.
- Leia uma série de jornais. Quais são os livros mais vendidos e
  os filmes campeões de bilheteria em Londres, Dubai e Moscou?
- Mantenha os olhos bem abertos para novas tendências nas artes, no teatro e no cinema.

Essas práticas também podem nos ser úteis em nosso próprio país, mas são particularmente valiosas para nos tornar mais atentos em ambientes diferentes. A consciência não precisa ocupar muito de seu tempo. É uma estratégia que podemos usar de forma natural, enquanto passamos de uma reunião, viagem ou conversa para outra. A simples disciplina de ver aquilo que, de outra maneira, poderíamos ignorar é uma das melhores maneiras de desenvolver a estratégia de IC.

Planeje suas interações interculturais

Outra maneira de fomentar sua estratégia de IC é utilizar os insights obtidos por sua consciência e criar novos planos e novas estratégias para fazer o mesmo tipo de trabalho em um contexto diferente. Quando tenho de dirigir na mão esquerda — mais do que na direita, com a qual já estou acostumado —, preciso me manter muito mais atento. No entanto, depois de fazer isso várias vezes, mesmo que eu esteja dirigindo em um lugar inteiramente novo, fica mais fácil do que nas primeiras vezes em que passei por isso. Desenvolvi algumas estratégias básicas para monitorar em que lado da rua devo estar. Cada lugar desconhecido traz consigo algumas novas regras e problemas de direção, mas quanto mais eu dirijo em lugares diferentes, mais me torno adepto em deixar que minha consciência desenvolvida me leve ao destino. Ironicamente, isso também leva a algumas mudanças na maneira como dirijo em minha cidade. E eu percebo a mesma coisa em minhas estratégias de liderança. Mesmo assim, é surpreendente com que frequência gastamos milhares de dólares para viajar até o outro lado do mundo sem ter dado tempo suficiente para planejar a melhor forma de aproveitar ao máximo o tempo que vamos passar por lá.

O verdadeiro objetivo da estratégia de IC é pegar o que aprendemos do entendimento cultural que obtivemos numa determinada situação e aplicá-lo a outras situações. Imagino que sempre haverá encontros confusos e que não darão em nada como aquele que tive na Libéria com Moses e o Dr. Harris. Mas a estratégia e o planejamento de IC me ajudam a diminuir o número de ocasiões em que esse tipo de situação acontece, e eu aprendo a como negociar e ser um melhor profissional em encontros semelhantes.

Planejar significa prever como um trabalho que você faz naturalmente em seu domicílio pode ter de ser alterado ao lidar com alguém de formação cultural diferente. Isso talvez não seja tão simples como mapear uma reunião já marcada com outra pessoa. A não ser que haja um potencial para conflito, normalmente não passo muito tempo planejando uma reunião a dois com um colega ou funcionário de meu escritório. Posso até ter uma lista de pontos que quero discutir, mas, quando estamos sozinhos, simplesmente vou passando por eles com naturalidade.

No entanto, geralmente precisamos de um tempo extra para nos prepararmos para o mesmo tipo de reunião quando elas incluem pessoas de contextos culturais diferentes. Isso não quer dizer que eu precisarei de uma quantidade desproporcional de tempo, e não deve dar a impressão de se tratar de manipulação. É só dar uma margem para se permitir a maneira mais eficiente e respeitosa de discutir os assuntos em questão. O planejamento para encontros como esse pode ser de apenas alguns minutos a caminho da reunião, para se prever qual a melhor maneira de tratar das questões que precisam ser debatidas. Pergunte a si mesmo:

- Que tipo de conversa fiada é adequada para essa pessoa ou para alguém dessa cultura?
- Quem deve começar a transição do assunto sem relevância para os negócios em questão?
- Como você vai passar para a ação nesse encontro?
- Até que ponto você deve dar instruções?

É difícil responder a estas perguntas sem uma medida cada vez maior de entendimento cultural. Uma boa estratégia de IC exige um bom conhecimento de IC.

Um líder que tenha uma bela estratégia de IC estará sempre criando novas estratégias ou adaptando as que ele já tem para lidar com os aspectos novos e singulares de um determinado ambiente. Esse tipo de executivo é capaz de incorporar várias observações e interpretações, de maneira a criar novas estratégias para novas situações.[5] A maioria dos contextos fornece pistas ambíguas (na melhor das hipóteses) e muitas vezes erradas sobre o que está acontecendo em um ambiente que não se conhece muito bem. À medida que nos tornamos mais conscientes, podemos transferir, com prudência, nossas interpretações de uma situação para outra. Não podemos nos apressar na hora de achar que duas situações são parecidas, mas um bom planejamento permitirá que fiquemos mais em sintonia com os padrões que surgem em contextos e situações diferentes.

Verifique sempre se os seus planos e as suas premissas são apropriados

Outra maneira importante de se desenvolver a estratégia de IC é procurar informações que confirmem ou não se nossa consciência aprimorada e os planos que fizemos por causa dela eram realmente adequados. Os executivos de negócios ocidentais precisam saber quando e como falar nas reuniões com asiáticos. Aqueles que tiverem uma boa estratégia de IC observarão o estilo de interação e comunicação de seus colegas orientais (como, por exemplo, falar em turnos) e planejarão o que e como dizer antes de falar uma palavra. Depois disso, devem checar com muita atenção como as informações que eles passam estão sendo recebidas.[6] Quando se obtêm a capacidade e a confiança para atuar em um alto nível de processamento cognitivo, as recompensas são enormes e resultam em algumas das melhores práticas internacionais. Isso é mais fácil para aqueles que estão acostumados a fazer muita coisa ao mesmo tempo. O processo de três passos da conscientização, do planejamento e da verificação costuma acontecer de maneira simultânea. O objetivo é se tornar cada vez mais em sintonia com o que está acontecendo com você e com os outros, utilizar essa consciência para planejar para onde ir na próxima interação e verificar se a estratégia está funcionando.

Nesse processo, é realmente importante ter em mente que vamos interpretar errado determinadas situações e ficaremos confusos em relação a outras. No mínimo, até um líder com uma inteligência cultural extremamente desenvolvida vai se deparar com determinados acontecimentos e comportamentos em um novo contexto cultural que ele não entenderá de imediato. Nesse caso, o executivo deve evitar tirar conclusões precipitadas, mantendo suas premissas em suspenso e ficando na desconfortável situação de não saber o que está acontecendo. A estratégia de IC envolve aceitar essa confusão e o fato de não saber com certeza uma determinada coisa, o que levará a uma melhor avaliação da situação. Isso, por sua vez, acabará levando a uma compreensão mais precisa.[7] Quando dispomos desse tipo de entendimento e desse tipo de estratégia, caminhamos para um novo nível de comportamento culturalmente inteligente que oferece uma vantagem competitiva além do que geralmente acontece no gerenciamento de líderes de culturas diferentes — o de simplesmente tocar "os negócios de sempre". Apesar de minha maneira de levantar informações sobre o Dr. Jones na Libéria ter sido equivocada, as informações passadas por meu colega Moses, juntamente com o tempo deliberado que passei refletindo sobre a interação e planejando uma estratégia alternativa, me fez ir além de meu impasse inicial. Minha conversa seguinte foi mais planejada: eu monitorei como meu interlocutor liberiano respondia à abordagem que fiz e às perguntas. De muitas maneiras, isso fez toda a diferença ao definir se a viagem seria uma perda de tempo ou se ela teria alcançado um de seus principais objetivos.

Dado o número de encontros interculturais que a maioria de nós vivencia, é irreal saber exatamente o que está acontecendo nos níveis mais profundos do iceberg com a maioria das pessoas que encontramos. Esse já é um processo difícil até em relação àqueles com quem temos intimidade. Sendo o único homem da casa, eu me confundo com frequência sobre o que está se passando à minha volta com minha própria família! Mas, na pior das hipóteses, instalar uma antena para verificar se nossas premissas e nossos planos são mesmo adequados vai melhorar nosso desempenho intercultural. Essa verificação nos ajuda a confirmar ou não se as interpretações são corretas e se os planos subsequentes são eficazes e estrategicamente relevantes.

Conclusão

No fim das contas, acabamos não fazendo a parceria com o Dr. Jones e com o Madison College em Monróvia, e, recentemente, fui informado que o Dr. Harris deixou de dar aula na faculdade. No entanto, continuo adotando os insights que tive naquela situação. Neste momento, estou ajudando uma organização, de cujo conselho sou membro, a desenvolver uma parceria com alguns correspondentes na Tailândia. Estamos recebendo informações conflitantes sobre um determinado executivo tailandês e sua empresa. Alguns consultores dizem que não vamos conseguir ir em frente sem a participação desse executivo. Outros nos mandam tomar cuidado na hora de fazer qualquer parceria com ele. Fazer esse tipo de *due diligence* nunca é fácil, mas a estratégia de IC está me ajudando a desenvolver um plano para conseguir as informações de que precisamos. A Libéria e a Tailândia são lugares completamente diferentes. Mas algumas das estratégias que aprendi com meu trabalho naquele país africano podem ser ajustadas para esse problema que nos aflige na Tailândia.

Uma vez que se aprendam as técnicas para a estratégia de IC, você poderá aplicá-las a todo tipo de relacionamento e situação. É possível até mesmo olhar para um adolescente gótico e começar a se perguntar o que está por trás de todos esses piercings, essas tatuagens, essa música e essas roupas pretas, em vez de tirar conclusões precipitadas sobre adolescentes em geral ou sobre aquele indivíduo. Ou então poderá se perguntar o que está por trás da resposta que recebo quando eu conto uma piada num contexto como esse, em comparação à mesma piada contada no meu escritório.

A estratégia de IC é crucial por uma série de motivos. Em primeiro lugar, o esforço verdadeiro de aumentar sua consciência promove um pensamento mais ativo sobre seu trabalho e as pessoas em diferentes contextos culturais. Segundo, ao planejar como adaptar seu trabalho e seu comportamento para um contexto diferente, a estratégia de IC envolve criatividade, em vez de simplesmente confiar nas velhas práticas que parecem dar certo em casa. Mesmo depois de desenvolver uma estratégia aprimorada para um novo contexto cultural, a verificação constantemente nos obriga a revisar e inovar, enquanto monitoramos a eficácia do que estamos dizendo.

MELHORES PRÁTICAS PARA A ESTRATÉGIA DE IC

1. *Pratique a técnica de perguntar "Por quê?" inúmeras vezes. Ao nos perguntarmos isso constantemente (cinco vezes é um bom número para se começar), chegamos às camadas mais profundas de uma questão.[8] O resultado pode ser mais ou menos assim:*

- Nós ainda não fechamos aquele negócio no Japão. *Por quê?*
- Eles não aceitaram assinar antes de nossa partida. *Por quê?*

- Eles não estão satisfeitos com o fato de Susan não ser mais a responsável pela conta. *Por quê?*
- Líderes japoneses levam tempo para firmar uma relação de confiança com executivos. *Por quê?*
- Porque a confiança é baseada em relacionamentos, e não em um documento assinado. *Por quê?*

Criar uma estratégia de IC em si mesmo e nos outros pode ser tão simples quanto voltar aos seus 3 anos de idade, quando você ficava perguntando: "Por quê? Por quê? Por quê?"

2. *Mantenha um diário de suas reflexões interculturais.* Pode ser algo tão básico quanto um exercício de observação e interpretação. Ou documente suas experiências interculturais juntamente com suas perguntas e seus insights. Depois, volte e releia o que escreveu. Faça a mesma coisa com seus colegas e discutam os insights que vocês tiveram juntos.[9]

3. *Observe as situações interculturais em tudo o que vê e lê.* Ao ler uma revista de negócios, um jornal ou até mesmo ao ver um filme, observe os cenários interculturais e pense na maneira como você agiria nessa situação. Não tente tirar uma conclusão rápido demais, mas pratique a atenção e consciência, desenvolva um plano e, então, descubra maneiras de verificar se seus planos são mesmo adequados.

4. *Dedique-se a um planejamento ativo.* Ao pegar uma nova missão que envolva um alto grau de ligações interculturais, pense em como sua abordagem terá de ser diferente do que se você estivesse lidando com gente de sua própria cultura. Encontre alguém que possa ler o planejamento que você fez e oferecer uma opinião abalizada.

5. *Encontre guias culturais.* Ao trabalhar muito de perto com uma determinada cultura, encontre alguém para ser seu guia. Escolha-os com cuidado. Aqui vão algumas sugestões do que procurar:

- Eles são capazes de saber o que distingue essa cultura das outras?
- Eles demonstram ter consciência de si mesmos e das outras pessoas?
- Eles conhecem bem a cultura da qual você veio, aí incluídas sua cultura nacional e a profissional (engenharia, medicina etc.)?
- Eles já tiveram a oportunidade de trabalhar com múltiplas culturas?
- Eles fazem muitas perguntas ou simplesmente "lhe dizem" o que fazer?
- Eles são capazes de dizer que tipos de personalidades geralmente não têm sucesso nessa cultura?

Um guia cultural com uma boa noção de consciência multicultural sempre será útil, principalmente em ajudá-lo a descobrir que tipo de pergunta você deverá fazer a si mesmo e aos outros ao embarcar nessa nova missão.

CAPÍTULO 7

CORRER, ANDAR, TROTAR: A AÇÃO DE IC (PASSO 4)

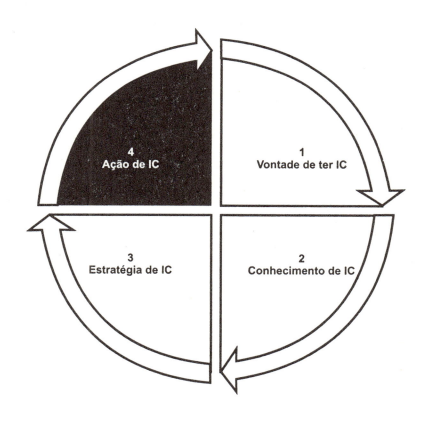

PASSO 4: AÇÃO DE IC:
Quais são os comportamentos que tenho de ajustar?
Mudando adequadamente as ações verbais e não verbais ao interagir com outras culturas

Perfil de um executivo com uma boa ação de IC:	Executivos que tenham uma boa ação de IC podem utilizar as três ações de IC para transformar sua maior motivação, compreensão e seu planejamento em ação. Eles contam com um amplo repertório de comportamentos que podem adotar, dependendo do contexto.

Há dois anos, Simon deixou seu posto de CEO de uma empresa em ascensão em Chicago e se tornou presidente de uma pequena escola de ciências humanas na Nova Inglaterra. A escola tinha uma longa reputação de oferecer excelente formação em ciências humanas, mas estava estacionada no mesmo patamar havia dez anos. A estrutura da organização era inflexível; o número de inscrições diminuía; e a escola tinha uma diversidade étnica muito pequena entre os alunos, professores e funcionários. Simon parecia ser exatamente o que faltava à instituição. Ele sempre dera valor à educação — e a prova disso era seu Ph.D. em administração pela Universidade de Chicago. Seu maior prazer era integrar o corpo de funcionários de uma organização e reinventá-la. É um inovador, um líder carismático e tem uma curiosidade natural sobre culturas diferentes, já que vem de uma ascendência sino-americana. Eu o conheci quando ele aceitou fazer parte de minha pesquisa sobre inteligência cultural entre líderes acadêmicos. O próprio Simon se descreve como uma pessoa obsessivo-compulsiva. Ele está em excelente forma, suas roupas estão sempre muito bem passadas e seu escritório é meticulosamente arrumado. Seu sorriso magnético combina com a personalidade contagiante.

Simon descreve os dois primeiros anos que passou na faculdade como o trabalho mais difícil de sua vida. E, partindo dele, isso não era pouca coisa. A última empresa que ele comandara tinha entrado com um pedido de concordata pouco antes de ele ter sido contratado. Em menos de três anos, Simon comandou uma virada que resultou no ano mais lucrativo nos 25 anos de história da empresa. E a empresa que ele comandou antes dessa também se encontrava em crise antes de ele chegar e lhe proporcionar um novo e brilhante futuro. Mas Simon achava que encontrara um adversário à altura. Houve muito poucos resultados nos primeiros 24 meses em que ele esteve à frente da faculdade. Com certeza, o quadro financeiro estava melhor e o número de inscrições vinha se mantendo pelo menos no mesmo nível. Mas isso estava longe do tipo de desempenho com que Simon estava acostumado.

Simon tinha um entendimento bastante completo da subcultura acadêmica. Ele sabia que não podia simplesmente aplicar na faculdade as mesmas táticas de liderança que usava no mundo dos negócios. E, embora a comunidade da Nova Inglaterra em que Simon morava tivesse a menor diversidade étnica que já vira na vida, ele sempre fora capaz de se adaptar aos novos ambientes culturais que encontrava. Simon estava extremamente motivado para ver a faculdade ter sucesso, e utilizou seus conhecimentos de educação e de administração para traçar um novo plano para os fracos números da faculdade. No entanto, havia algo que o impedia de liderar com eficácia, que era totalmente diferente de sua experiência como executivo.

Enquanto eu lhe fazia uma visita na faculdade, ele me convidou para participar de uma reunião em que daria um update geral e faria sua previsão para o futuro. Alguns minutos depois do início da apresentação, eu estava empolgado. O que ele dizia era realmente importante, e Simon era bem-humorado e passava uma imagem inspiradora para a faculdade. Eu estava quase pedindo para trabalhar ali! Depois de me lembrar do que eu estava fazendo lá, olhei em volta e me perguntei por que todo mundo se mantinha tão apático. Os professores e funcionários não podiam estar mais aborrecidos ou desinteressados. Se eu estivesse fazendo aquela apresentação, os olhares perdidos teriam tirado toda a minha energia. Mas Simon se manteve firme. Aliás, o carisma e a apresentação dele pareciam ficar ainda mais eletrizantes à medida que seguia.

Sentir-se motivado para encarar um desafio como o de Simon é realmente importante. E ter um conhecimento sobre as várias culturas que existem no lugar onde você lida é fundamental, inclusive a cultura organizacional e as diversas culturas étnicas e nacionais. E assim, ser capaz de pegar todo esse conhecimento para interpretar os fatos e traçar seus planos é essencial. Mas, no fim das contas, a pergunta é: será que eu realmente consigo liderar eficientemente nesse contexto? Será que consigo trazer os resultados necessários? Afinal, a liderança individual acaba sendo julgada pelo fato de nós entregarmos ou não os resultados esperados.

O último passo na direção da inteligência cultural, a ação de IC, é aquele em que o carro realmente entra na estrada. Estamos entendendo o que uma pessoa está falando? Será que sabemos comandar os outros com respeito e ajustar o comportamento, na medida do necessário, enquanto continuamos sendo pessoas autênticas? A ação de IC é a medida em que modificamos *apropriadamente* as ações verbais e não verbais ao interagir com outras culturas. O objetivo é continuar sendo você mesmo, enquanto descobre quais são os comportamentos que você tem de mudar para atingir os objetivos. Como já notamos no início deste livro, um dos aspectos mais revolucionários do modelo da inteligência cultural é a ênfase na transformação interna da nossa perspectiva em relação ao mundo, em vez de simplesmente tentar dominar os "faça isso" e "evite esses tabus". Tentativas artificiais de modificar um comportamento acabam gerando inflexibilidade e decepcionam bastante na hora de nos dar uma abordagem sustentável para liderar outras culturas.[1] O grau de nossa mudança interna ficará evidente para os outros através de nossas ações.

Ironicamente, a maneira mais eficaz de manipularmos nosso comportamento é através dos outros três passos do ciclo da IC. A ação de IC é principalmente o resultado de nossa vontade de ter IC, de nosso conhecimento e de nossa estratégia de IC. Em certo sentido, este livro todo fala da ação de IC, porque nosso comportamento é, de fato, a única maneira de alguém saber se somos culturalmente inteligentes. Com isso em mente, é importante enfatizar alguns comportamentos específicos que devem ser adaptados. As três subdimensões da ação de IC são o *comportamento verbal*, o *comportamento não verbal* e o *discurso*.[2] Essas subdimensões revelam as formas de como podemos desenvolver nossas habilidades em matéria de ação de IC, que pode se referir a incrementar nossa comunicação, aprender a negociar de maneira diferente e saber quando nos adaptarmos e quando não nos adaptarmos.

COMO DESENVOLVER A AÇÃO DE IC

Adaptar a comunicação.

Negociar de maneiras diferentes.

Saber quando se adaptar e quando não se adaptar.

Pergunta fundamental: Quais são os comportamentos que devo adaptar para essa tarefa intercultural específica?

Adaptar a comunicação

Ao descrever as maneiras de desenvolver o conhecimento de IC, nós observamos a importância de entender a língua e o papel que ela exerce numa liderança eficaz. (Veja o Capítulo 5.) Seja para passar uma visão, gerar confiança, dar instruções ou solucionar um conflito, tudo gira em torno da capacidade de passar uma mensagem. Quase todo livro sobre liderança inclui uma seção sobre a importância da comunicação. Para mim, a mensagem de Simon era bastante lúcida e instigante. Mas, pelo visto, sua equipe não a estava recebendo do mesmo jeito. Pelo menos, foi o que consegui observar. O que precisava descobrir era se eu estava interpretando corretamente aquilo que percebia. E, de fato, quando entrevistei alguns professores e funcionários, descobri que eles realmente não se sentiam tão inspirados com a visão de Simon quanto eu. A resposta mais comum dos professores, quando pedi para que descrevessem a liderança de Simon, foi que ele era um *outsider* que estava transformando uma faculdade em um negócio. Muitos professores se sentiam irritados com a maneira como ele usava constantemente palavras como *empresa, resultado do exercício* e *capitalizar*. Para os professores, isso era uma prova de que Simon não entendia o mundo acadêmico. E como ele geralmente contava histórias de seu passado empresarial e costumava citar a Universidade de Phoenix — uma instituição com proposta manifestamente comercial — como um caso de sucesso, suas apresentações apaixonadas e bem estruturadas geravam pouco impacto sobre eles.[3] Alguns dos funcionários da faculdade deram respostas parecidas, mas um tema bastante comum no que eles diziam era a falta de autenticidade que viam no entusiasmo permanente de Simon. A maioria dos funcionários da faculdade era da Nova Inglaterra, e ouvir um palestrante tão enérgico e carismático lhes dava a impressão de que Simon tentava lhes vender algo. Eles não podiam ter outra impressão, a não ser a de que ele estava representando, em vez de se dirigir a eles como colegas. Uma mulher chegou a chamá-lo de "vendedor de carros usados", um termo ofensivo que implicava que Simon estava tentando tapear e manipular a comunidade acadêmica. As realidades culturais dessa faculdade da Nova Inglaterra batiam de frente com a maneira como Simon se comunicara. Muitas vezes, não percebemos as diferenças culturais que existem dentro de nosso próprio país.

Os líderes passam o dia inteiro se comunicando — fazendo apresentações, mandando e-mails, falando ao telefone, participando de reuniões e tratando informalmente de seus assuntos profissionais. Como muitas dessas tarefas de liderança, o desafio de uma comunicação eficaz aumenta ao lidar com pessoas de contextos culturais diferentes, sejam essas diferenças étnicas, regionais ou organizacionais. Ninguém naquela faculdade se referiu ao fato de Simon ser de ascendência asiática como um obstáculo. Mas sua formação empresarial e do Meio-Oeste parecia ser uma barreira imensa para eles.

A capacidade de comunicar-se eficientemente em um novo contexto cultural é um exemplo fundamental de como a ação de IC se torna a consequência natural dos outros três passos de IC. Existe um nível de motivação e energia (a vontade de ter IC) necessário para reaprender a se comunicar de forma a injetar confiança e motivar as pessoas em um novo contexto. É preciso muita compreensão (conhecimento de IC) para descobrir quais sistemas e valores culturais utilizar e que palavras devem ser usadas ou evitadas. E uma consciência, um planejamento e uma verificação (estratégia de IC) muito apurados são necessários para realmente comunicar as ideias e as imagens mais relevantes. Ao fazer uso desses passos na direção da IC, três pontos na comunicação exigirão mais atenção: as *palavras*, a *maneira de se falar* e as *ações não verbais*.[4]

Palavras

As palavras permitem a troca de ideias, a transmissão dessa confiança e que a negociação vá em direção a um resultado em que os dois lados saiam ganhando. As mesmas palavras que criam uma visão inspiradora e boas expectativas num contexto cultural podem despertar suspeita e desconfiança em outro. Eu posso pensar em várias pessoas de vários contextos que teriam ouvido aquela apresentação de Simon e achado que eram palavras precisas e inspiradoras. Mas ela não foi recebida assim pela equipe da faculdade. Realmente, não tem a menor importância se eu me senti inspirado por ele. O fato é que a *equipe* não se sentiu!

Existem algumas maneiras diferentes de pensar como utilizar as palavras quando lideramos em contextos interculturais: assuntos, ordens e pedidos, desculpas e elogios.

ASSUNTOS

Ajustar adequadamente nosso comportamento inclui aprender quais assuntos são adequados para serem discutidos nos vários contextos. Apesar de isso se aplicar às conversas de trabalho, fica ainda mais patente nas interações sociais e informais. Por exemplo, tomar um drinque após o expediente com alguém de outro contexto cultural geralmente é muito mais complicado do que aquelas interações que giram ao redor da profissão. Mesmo assim, essas interações informais, geralmente, são as mais importantes.

Às vezes, pessoas que vêm de outras culturas me perguntam quanto eu ganho ou quanto custou minha casa, que são perguntas que seriam consideradas invasivas mesmo entre amigos próximos no contexto em que vivo. E eu já tive colegas que ouviram que eles estão "muito gordos", que é o tipo de coisa que eu ensino às minhas filhas para nunca falar a ninguém. Por outro lado, ouvir que você está "gordo" é um verdadeiro elogio em muitas culturas africanas. É uma prova de que você é rico e bem-sucedido. Outras vezes, fui eu que fiz o papel de grosseirão, ao perguntar a colegas solteiros de outras culturas como ia a vida amorosa só para descobrir que estava sendo direto demais, segundo as regras culturais locais. Ou, então, deixei de perguntar sobre suas famílias, ou falei demais da minha.

Existem muitos outros exemplos. Política e religião são vistos como assuntos inadequados entre americanos, a não ser que haja um convite explícito para participar de uma igreja ou partido. Mas muitos alemães valorizam as opiniões abertas sobre esse tipo de tema, normalmente para iniciarem um belo debate. Para muitos alemães, conhecer alguém significa descobrir quais são as posturas pessoais da outra pessoa e discuti-las, como uma forma de interação. Quanto aos chineses, sua abordagem para travar conhecimento com alguém costuma ser muito diferente. Em vez de um debate acalorado, o chinês geralmente começa falando sobre a própria família e perguntando ao outro sobre a dele. Só depois que surge esse tipo de entrosamento é que se julga adequado tratar de questões sociais e políticas. Americanos e japoneses costumam falar de negócios até o cafezinho após o jantar; os ingleses, por sua vez, costumam parar de falar de negócios depois que o dia de trabalho termina. As diversas convenções para se escolher a estratégia apropriada para conduzir uma conversa e que assuntos abordar é uma área do comportamento em que é bem provável que tenhamos de fazer ajustes.[5]

Poucas coisas são mais ilustrativas das variações culturais de uma conversa do que o humor. Piadas e trocadilhos que achamos engraçadíssimos muitas vezes dependem de as pessoas terem a mesma formação e o mesmo entendimento sobre o assunto. Recentemente, em uma viagem de avião, eu me sentei ao lado de uma executiva sino-americana. Ela viaja com frequência para a China, para ser intérprete de professores de língua inglesa que dão cursos no país, e observou como a maioria dos professores americanos e ingleses com quem trabalha geralmente começa as apresentações com uma piada ou história engraçada. Essa é uma tática que parece funcionar bem nos contextos deles. Mas minha colega de bordo contou que, quando eles fazem isso na China, em vez de traduzir o que eles falam, ela simplesmente diz para o seu público que só fala mandarim:

— O palestrante está contando uma piada. A coisa mais educada a fazer é rir quando ele parar de falar.

O humor, sem dúvida, é profundamente arraigado nas premissas culturais.

Os executivos dotados de inteligência cultural compreendem que os assuntos sobre os quais conversamos, sobretudo em ambientes mais sociais e informais, estão calcados nos valores e nas premissas culturais que só podem ser entendidos com uma estratégia de IC que olhe debaixo das aparências. O discernimento de que palavras utilizar começa ao se pensar em que assuntos são os mais adequados para uma conversa.

ORDENS E PEDIDOS

Helen Spencer-Oatey, uma famosa pesquisadora de línguas, descreve as variações culturais ligadas às ordens. Em uma cultura como a chinesa, onde a comunicação tende a acontecer de maneira muito indireta, o poder de uma sugestão será utilizado para fazer um pedido. Por outro lado, em uma cultura como a americana, os pedidos e as ordens serão bastante diretos. Pense na progressão de uma abordagem muito direta para uma muito indireta sobre como pedir a um funcionário para fazer um orçamento:

- Faça um orçamento!
- Eu queria que você fizesse um orçamento.
- Que tal se você fizesse um orçamento?
- Daria para fazer um orçamento?
- Não seria bom fazer um orçamento?[6]

Os líderes têm de descobrir o nível de conforto que as pessoas e as diversas culturas enfrentam ao lidar com ordens e pedidos diretos ou indiretos — e fazer os devidos ajustes. Existe ainda mais uma variante de como se dá essa comunicação em uma cultura onde a distância para o poder é valorizada. O mesmo lugar que valoriza a comunicação indireta pode ser um lugar onde os principais executivos dão ordens explícitas e diretas aos subordinados, se a distância para o poder for elevada. Já um subordinado teria de usar uma comunicação extremamente indireta para pedir algo a um superior. Os colegas de trabalho devem fazer uso da comunicação indireta entre si, para não dar a impressão de que um tem autoridade sobre o outro. Você tem de descobrir como é percebido dentro da hierarquia para calibrar a devida abordagem — mais direta ou mais indireta.

Suzanne, uma americana que trabalha na França, descobriu a importância da maneira de se fazer um pedido na hora das compras em Paris. Suzanne era fluente em francês, mas isso não diminuiu seus problemas de comunicação. No início de sua temporada na França, ela não conseguiu se livrar da ideia de que os franceses, em geral, não gostavam dos americanos. Sempre que ela pedia algo específico a uma lojista, como: "Onde ficam os batons?", recebia uma resposta azeda. Um dia, uma amiga francesa sugeriu:

— Tente começar com alguma coisa assim quando entrar na loja: "Você poderia me ajudar com um problema?" E, se eles disserem que sim (que é o mais provável que aconteça), aí você pergunta onde ficam os batons.

Suzanne fez um teste e não pôde acreditar na maneira como isso parecia mudar o ânimo dos outros em relação a ela, comparado à sua abordagem anterior. Ela agora estava se mostrando como alguém que precisava de algo, em vez de simplesmente entrar e fazer um pedido. Ela começou a adotar a mesma estratégia com seus colegas e subordinados no trabalho, e ficou encantada ao perceber como esse simples ajuste mudou totalmente a maneira como os pedidos eram percebidos. O simples fato de compreender algumas mudanças exigidas na linguagem pode fazer toda a diferença na hora de atingir nossos objetivos, sejam eles comprar batom ou lançar um empreendimento completo.[7] A frase mais importante que eu procuro aprender nos lugares que visito é:

— Desculpe-me, mas, não sei falar _____. Você fala inglês?

Isso me põe na situação de alguém que precisa de ajuda, em vez de achar que todo mundo adoraria me ajudar falando inglês.

DESCULPAS

Outro problema de comunicação é saber quando e como pedir desculpas. Na maioria das culturas, as pessoas concordam que é necessário algum pedido de desculpas quando acontece uma ofensa. A questão é: o que é considerado uma ofensa e qual a maneira mais apropriada de expressar o arrependimento por ter ofendido alguém?

Eu já disse muitas vezes "desculpa, desculpa" ao esbarrar nas pessoas em lugares como o Brasil, só para ouvi-los dizer: *"Desculpa por quê?"* Invadir o espaço pessoal de alguém é uma verdadeira ofensa em minha cultura, mas estar bem próximo e compartilhar o espaço pessoal faz parte da vida de muitos brasileiros. É importante aprender em que situações devemos pedir desculpas e a maneira correta de fazer isso ao ofender uma pessoa. Por exemplo, alguém que venha de um lugar que se rege pela hora do acontecimento pode não ver problema algum em chegar uma hora atrasado para uma reunião, mas uma pessoa dotada de inteligência cultural viu entender que manter alguém que venha de uma cultura regida pela hora do relógio esperando por uma hora exige um pedido de desculpas. Na mente da maioria dos indivíduos que vêm de culturas regidas pela hora do relógio, esperar uma hora é perda de tempo e falta de respeito. E em lugares onde a cultura é muito importante, uma pessoa de baixa posição social deve se portar com grande deferência e uma postura de desculpas na frente de alguém de alta posição social, mesmo que não tenha ocorrido uma grande ofensa. Um outsider não precisa copiar todos esses comportamentos, que é algo de que vamos tratar mais adiante neste capítulo. Mas é nossa obrigação entender a importância desse tipo de prática.

Uma propaganda coreana mandada por e-mail geralmente começa com a seguinte frase: "Desculpe por lhe mandar esse spam..." Uma mensagem de spam com um pedido de desculpas é vista com maior credibilidade no contexto coreano, mas passaria como um sinal de fraqueza na cultura americana. Aprenda quando e como pedir desculpas para as pessoas das culturas com as quais você trabalha regularmente.

Em 2001, um avião de reconhecimento americano e um caça chinês se chocaram em cima do mar do Sul da China. Nos dias seguintes, vimos uma discussão acalorada entre os diplomatas chineses e americanos sobre se o governo dos Estados Unidos deveria pedir desculpas. O Ministério das Relações Exteriores da China insistia que o governo americano deveria assumir a responsabilidade total. Vendo a agressividade do caça chinês como o motivo para a colisão, o secretário de estado americano Colin Powell se recusou a pedir desculpas. A resposta dele estava de acordo com a maneira como os Estados Unidos veem uma desculpa. Uma desculpa se baseia no entendimento pragmático de quem é o culpado. A ênfase de um pedido de desculpas é esperar que alguém se responsabilize pelo que foi feito. A visão chinesa é orientada para a harmonia e uma visão geral das circunstâncias. A ênfase se dá em reconhecer que aconteceu um incidente lamentável, em vez de apontar com precisão quem está errado. Os chineses ficaram irritados não tanto pela invasão de seu espaço aéreo por um avião americano, mas pela má vontade de pedir desculpas.[8] À medida que nos tornamos mais conscientes dos valores culturais (individualismo *versus* coletivismo, hora do relógio *versus* hora do acontecimento), a estratégia de IC nos dá a habilidade de traduzir essa compreensão nas maneiras apropriadas de se dar e pedir desculpas.

ELOGIOS

Dar e receber elogios é outro exercício de comunicação que exige inteligência cultural. Ao ser elogiado, devo aceitar de bom grado o elogio ou é melhor rejeitá-lo para não parecer que estou tentando me engrandecer? E na hora de incentivar um funcionário ou companheiro de trabalho, isso deve ser feito em público ou particularmente? Um elogio é mais bem expresso por palavras, presentes ou outro tipo de abordagem? Em muitas culturas ocidentais, as pessoas concordam que a melhor maneira de se receber um elogio é aceitá-lo. No entanto, acontece justamente o contrário em muitas culturas orientais. Rejeitar ou negar um elogio é visto como adequado em lugares como a China e o Japão. Evidentemente, esse é mais um caso em que existem muitas diferenças culturais entre os indivíduos de uma mesma cultura, dependendo da personalidade e da educação que receberam da família, daí a necessidade da consciência, do planejamento e da verificação (estratégia de IC) na hora de elogiar e congratular alguém.

Um líder pode muito bem presumir que um elogio vai motivar um funcionário a continuar fazendo um bom trabalho, mas, se o indivíduo pensar que o chefe está sendo pessoal demais e demonstrando mais intimidade no relacionamento do que seria adequado, isso poderá acabar se transformando num fator de *des*motivação. Além disso, os líderes de culturas individualistas geralmente apontam para os funcionários de maior rendimento e o elogiam publicamente. Porém, essa mesma atitude pode gerar todo tipo de constrangimento e vergonha para alguém em uma cultura coletivista. Por outro lado, executivos de culturas mais coletivistas que não deem muito incentivo ou elogios aos colegas e clientes podem ser vistos como ingratos. Quando eu ministrava cursos em Singapura, geralmente me sentia muito incerto a respeito de minha eficácia, porque não recebia muito feedback pessoal.

Não é de se esperar que um líder domine todas as regras adequadas para fazer um elogio em todos os encontros interculturais que tive. Mas é de bom-tom entender e praticar alguns ajustes básicos no comportamento e na maneira como procuramos incentivar e elogiar as pessoas de formações culturais diferentes. Uma postura geral respeitosa e sem julgamentos nos ajudará a refinar nossa capacidade de avaliar qual a maneira mais adequada para comunicar a gratidão e elogiar o êxito.

Boa parte de nosso sucesso com as demais culturas depende das palavras que utilizamos. O maior desafio surge quando línguas diferentes são faladas no mesmo ambiente de trabalho. São necessários líderes que se disponham a aprender novas línguas ou utilizar tradutores. Mas toda vez que nos comunicamos com outras culturas, mesmo quando se fala a mesma língua, alguns comportamentos básicos na comunicação vão desempenhar um papel muito forte na maneira como lideramos.

Maneira de falar

Por mais importante que sejam as palavras, não foi apenas o que Simon disse na faculdade que deixou seus companheiros com uma sensação de desconforto. Mesmo ao escolher as palavras adequadas, boa parte de uma falta de comunicação pode acontecer na maneira como as informações são passadas. Líderes culturalmente inteligentes aprenderão qual é a melhor forma de se comunicar ao escrever, atender ao telefone e ao falar frente a frente. Eles ganharão a confiança de saber qual é o nível adequado de entusiasmo, ritmo e que estilo usar ao se dirigir a diferentes plateias. Enquanto os líderes em lugares onde a distância para o poder não é muito grande podem usar o mesmo tipo de comunicação ao lidar com um auxiliar administrativo ou com o vice-presidente da empresa, o mesmo não acontece nos lugares onde a distância para o poder é muito grande. Vamos analisar separadamente várias dimensões da comunicação em breve, mas é importante tratar especificamente da maneira de falar.

Muitos palestrantes de língua inglesa não mudam a maneira de falar ao se comunicarem com pessoas para quem o inglês é uma língua estrangeira ou uma segunda língua. Confesso que meu próprio estilo como palestrante é enérgico e acelerado. Tenho de estar sempre concentrado em diminuir o ritmo, especialmente ao dar palestras para uma plateia que inclui participantes para quem o inglês não é a língua-mãe. Aqui vão várias estratégias para se incrementar a comunicação ao falar para uma plateia de pessoas que não têm seu idioma como língua principal:

- Diminua o ritmo, diminua o ritmo e diminua o ritmo.
- Fale devagar e com clareza. Pronuncie as palavras cuidadosamente.
- Evite usar gírias.
- Repita os pontos mais importantes, utilizando palavras diferentes para explicar a mesma coisa.
- Evite frases muito longas, cheias de desdobramentos.
- Utilize artifícios visuais (imagens, tabelas, gráficos etc.) para dar apoio ao que está sendo dito.
- Faça suas palestras misturarem histórias e princípios.
- Distribua resumos escritos.
- Faça pausas com mais frequência.

A maior parte dessas estratégias também se aplica a comunicações com uma única pessoa ou pequenos grupos. Temos de encontrar o estilo de palestra que seja mais confortável para nós, para que ele pareça autêntico e natural. Mas também temos de aprender quais as alterações que precisamos fazer em nosso próprio estilo ao falar para plateias distintas. Simon deveria utilizar o estilo mais confortável para si, ao mesmo tempo em que o adaptava para a subcultura acadêmica da Nova Inglaterra, onde ele exerce uma função de liderança. E assim, enquanto aprendemos a mudar nossa maneira de falar, é imprescindível verificarmos o tempo todo se estamos nos fazendo compreender. Não basta perguntar: "Todos estão entendendo? Isso faz sentido para vocês?" Em vez disso, crie perguntas e atividades que realmente revelem o grau de compreensão da plateia.

Ações não verbais

É muito comum ouvirmos dizer que "não é possível *não* se comunicar". Apesar de as palavras e a maneira de falar serem parte da comunicação, muita coisa — e talvez até mais — é comunicada através dos comportamentos não verbais. É importante observar algumas das formas como a cultura afeta o comportamento não verbal, incluindo a distância e o ato de tocar no interlocutor, a postura, os gestos, as expressões faciais e o ato de se olhar no olho da pessoa com quem estamos falando.

DISTÂNCIA

Quase todos nós já sentimos o desconforto que surge quando alguém invade nosso espaço pessoal na hora de uma interação. A cultura exerce um papel importantíssimo naquilo que vemos como uma distância adequada. O espaço entre as cadeiras durante um treinamento, a montagem de um escritório e o modo como um chefe interage com a equipe são exemplos de como a distância influencia na maneira como nos comportamos com outras culturas. Fique atento para como a distância social afeta as interações e esteja preparado para se adaptar a ela.[9]

TOQUES

O aperto de mão, embora seja mais comum nos contextos ocidentais, já foi amplamente aceito como forma adequada de cumprimento nos ambientes profissionais pelo mundo. Mas o grau de firmeza, a duração apropriada do contato e a pessoa que oferece o cumprimento variam bastante de um contexto cultural para outro. Colocar a mão no ombro ou nas costas de alguém também é um toque muito usado nos ambientes profissionais. Na hora de liderar, é importante considerar o toque adequado para os diversos níveis de hierarquia, sexo e idade. Por exemplo, pessoas de culturas em que a distância para o poder é muito grande têm uma série de expectativas sobre como devem ser os cumprimentos, dependendo do status dos indivíduos. Ao cumprimentar alguém de posição mais alta, as pessoas devem apoiar seu pulso com a mão esquerda. Muitas culturas africanas usam um aperto de mão mais suave do que é comum na Europa ou nos Estados Unidos, mas prolongam o cumprimento. Estas são dicas importantes para quem passa de uma cultura para outra. Preste atenção aos cumprimentos quando observar o comportamento dos outros e também nas próprias interações. Geralmente considera-se que as culturas em que há menos contato físico são a América do Norte, a Ásia e o norte da Europa. Os lugares onde as pessoas mais se tocam são a América Latina, o sul e o leste da Europa e o Oriente Médio. E, como sempre, não deixe de levar em conta as diferenças individuais existentes nesses vários contextos.

POSTURA CORPORAL

Também há regras não escritas, e às vezes até inconscientes, que regem a maneira como as pessoas se sentam, se levantam e se curvam. Em alguns contextos, o sexo, a idade e o nível hierárquico de um indivíduo determinam onde ele deve se posicionar em relação aos demais. E abaixar a cabeça é um comportamento não verbal extremamente importante em muitos contextos, como no Japão, na Coreia e na Tailândia. As regras não escritas sobre abaixar a cabeça em lugares como esses são complexas e muito difíceis de serem dominadas por alguém de fora. Em vez de se sentir assoberbado por isso, o executivo dotado de inteligência cultural sabe que algumas dessas posturas, como os atos de se curvar no Japão, são reservadas para os japoneses. Mas é bom pensarmos em quais posturas devemos alterar.

GESTOS

As pessoas geralmente usam gestos para ilustrar aquilo que estão dizendo. Portanto, fica particularmente difícil acompanhar o gestual se você não entende a língua. Além do mais, os gestos são uma das formas mais pessoais de comunicação. Portanto, apesar de existirem normas culturais, é preciso usar a estratégia de IC para saber se um gesto é reflexo de toda uma cultura ou só daquele indivíduo. Procure reparar nas pessoas. É muito difícil compreender os gestos, mas veja como as pessoas apontam — e *se* elas apontam. Continue observando os mesmos gestos naqueles que vêm do mesmo contexto cultural. Eu já usei, sem querer, o sinal de "ok" da minha cultura só para descobrir que tinha feito um gesto obsceno para uma plateia inteira no Brasil. Por isso, teste suas premissas e tenha muito cuidado na hora de imitar um gesto que você observou nos outros.

EXPRESSÕES FACIAIS

A maioria das culturas ensina os indivíduos a disfarçarem suas emoções, quando necessário, para que um estranho não saiba como estamos nos sentindo. Às vezes, dá para ver sob a superfície dessas expressões, especialmente quando estamos em um contexto conhecido, e mais ainda quando estamos com alguém que nos é próximo. Mas as expressões faciais podem enganar muito os outros. Foi isso o que aconteceu quando os voluntários de quem falei anteriormente deduziram que os rostos sorridentes dos pobres que eles encontravam significavam que eles se sentiam felizes, mesmo na pobreza. Por outro lado, já ouvi muitos ocidentais me perguntarem por que ninguém nunca aparece sorrindo nas fotos das famílias indianas. Entender exatamente o significado por trás da expressão facial de uma pessoa é um dos desafios mais subjetivos que podemos encontrar. Tome muito cuidado na hora de julgar o que significa uma expressão facial, especialmente ao lidar com indivíduos de outras culturas.

CONTATO VISUAL

Outro comportamento importante que talvez tenha de ser adaptado é o contato visual. Culturas diferentes têm regras diferentes sobre quando e por quanto tempo olhar nos olhos dos outros. Isso fica ainda mais complicado porque a maioria das culturas tem regras não escritas sobre como usar o contato visual de acordo com o sexo, a idade e a posição social. Um dia desses, eu conversava com uma gerente que me disse que tinha todos os motivos para contratar um determinado candidato para um emprego. Mas ele simplesmente não a olhava nos olhos, o que a fazia ficar desconfiada dele. Perguntei de que cultura ele era, e ela disse "saudita". Apesar de os árabes, em geral, encararem o interlocutor por mais tempo, muitos homens sauditas foram educados a vida inteira a não fazer contato visual direto com as mulheres. A maioria dos árabes, latinos, indianos e paquistaneses encaram o interlocutor por mais tempo, ao passo que os africanos e as pessoas do leste da Ásia costumam interpretar o contato visual direto como uma demonstração de raiva e insubordinação, e por isso o evitam.[10]

Nem mesmo o viajante mais experiente e dotado de inteligência cultural conseguirá dominar todos os comportamentos que acontecem na comunicação de toda e qualquer cultura. Como você já deve saber a esta altura, o objetivo não é se tornar um expert em que palavras usar, como falar e quais os comportamentos não verbais a se utilizar em qualquer situação. Em vez disso, o segredo é desenvolver a habilidade de observar o comportamento dos outros, refletir sobre ele e aprender quando e como modificar as suas ações. A estratégia de IC é a melhor ferramenta para nos ajudar nesse processo. Releia regularmente este resumo de comportamentos de comunicação para refrescar a memória a respeito das várias diferenças que você deve encontrar.

Negocie de maneiras diferentes

Outro comportamento importantíssimo para qualquer líder é a habilidade de negociar com eficiência. Independentemente do contexto cultural, o objetivo de uma negociação é fazer as pessoas chegarem a um acordo que satisfaça mutuamente seus respectivos interesses, tanto os pessoais quanto os da organização. As negociações eficazes costumam envolver propostas e contrapropostas, em que cada parte cede um pouco pelo caminho para se chegar a um acordo. A negociação intercultural é mais um exemplo de como a ação de IC é o resultado das outras três dimensões da inteligência cultural. A negociação com outras culturas exige muita vontade de ter IC, e isso quer dizer não apenas a motivação para obter o melhor para os interesses de sua organização, mas também pensar nos interesses dos demais participantes. Uma boa negociação também depende do conhecimento de IC. É preciso ter o entendimento indispensável para prever onde podem estar as principais diferenças entre os sistemas culturais e valores envolvidos. Esse entendimento nos permitirá utilizar a estratégia de IC para desenvolver um bom plano para o processo de negociação num determinado contexto.[11] Existem quatro comportamentos específicos que são bem úteis para negociações interculturais: mudar o *timing*, adaptar seu estilo, ser flexível e agir com integridade.

Mudar o timing

Uma das principais maneiras pelas quais talvez tenhamos de adaptar as estratégias de negociação vem da diferença de expectativa sobre a quantidade de tempo e de relacionamento que tem de existir antes de se assinar um contrato. Esse é o assunto mais recorrente nas pesquisas sobre negociações interculturais e se parece muito com as diferenças que indicamos anteriormente.[12] Em muitas culturas orientais e latinas, é impossível chegar a um acordo sem que transcorra um bom tempo para que os dois lados se conheçam. Construir um bom relacionamento exige que os negociadores tenham tempo para se conhecer melhor — comer e beber juntos, visitar pontos turísticos, jogar golfe ou assistir a um jogo de críquete. Esse tipo de ritual de socialização é crucial, porque representa um esforço honesto para compreender, o máximo possível, os valores, as necessidades e os interesses do outro lado. Contrastando com isso, muitos europeus ocidentais e norte-americanos valorizam a rapidez na assinatura de um contrato. Para essas pessoas, uma quantidade muito grande de tempo para socializar pode ser interpretada como um desrespeito pelo tempo das pessoas. Americanos e alemães dotados de inteligência cultural podem ter de aprender a ser mais pacientes e sociáveis ao negociar com pessoas do México ou do Japão. E orientais e latinos munidos de inteligência cultural devem aprender a ir mais rapidamente ao assunto ao lidar com indivíduos orientados pelo tempo do relógio.[13] Ajuste seu comportamento de negociação à luz dos vários valores existentes e esteja sempre pronto para fazer outras adaptações pelo caminho.

De maneira similar, uma boa negociação entre empresas de contextos culturais diferentes inclui ser capaz de perceber o *timing* correto. O McDonald's levou quase uma década de negociações com líderes russos antes de instalar um restaurante lá. Ter visão a longo prazo é essencial, porque, normalmente, negociações internacionais demoram mais tempo. Você deve permitir que isso aconteça. E verifique que épocas do ano são melhores para negociar. Dependendo da época do ano, alguns países fazem uma pausa nos negócios. Ajuste suas expectativas e estratégias para a quantidade de tempo e relacionamento que serão necessários para fechar o contrato.

Adaptar seu estilo

A maior parte dos executivos que vêm de culturas individualistas aprendeu a negociar assertiva e agressivamente. Mesmo que estejam negociando um acordo em que os dois lados ganham, muitas culturas ocidentais partem do princípio de que cada um estará cuidando de seus próprios interesses. Táticas firmes e assertivas são vistas como um ponto de força na maior parte dos negócios americanos. Mas esses mesmos executivos precisam adaptar sua postura ao negociar com culturas mais coletivistas, para atender ao imenso valor que se dá à harmonia e à cooperação.[14] Da mesma maneira, pessoas de culturas assertivas como os Estados Unidos, a Nigéria e a Índia precisam fazer um esforço consciente para falar menos e escutar mais na hora de negociar no exterior. Ouvir com atenção denota respeito e faz com que você seja um negociador mais bem informado. Faça perguntas abertas e preste atenção de verdade, em vez de perguntar só para fingir que está interessado. Na hora de ouvir e negociar, tome cuidado para não dar ouvidos aos estereótipos culturais. Eles até servem para se ter uma ideia inicial, mas, como nunca é demais lembrar, generalizar muito rapidamente os valores culturais para todas as pessoas e organizações de uma cultura é perigoso. Devemos utilizar a consciência da estratégia de IC para ver abaixo da superfície do iceberg e analisar os indivíduos e as organizações envolvidos no caso. Ao mesmo tempo, temos de nos manter atentos à maneira como somos vistos. Que tipo de preconceitos os outros têm contra nós, dadas nossa formação cultural e nossas experiências passadas? O que devemos fazer para nos contrapor a esses preconceitos?

Ser flexível

Uma vez que tenhamos um plano de negociação na cabeça, devemos usá-lo como roteiro e estar prontos para ceder. Nunca temos o controle total sobre o que vai acontecer, e menos ainda quando isso envolve uma colaboração intercultural. Prepare-se para o inesperado e desenvolva seus mecanismos de adaptação. Saiba de antemão aquilo que não é negociável. Você não vai querer fazer concessões só para se arrepender mais tarde, mas também não quer perder um negócio por inflexibilidade total. No meio da negociação, utilize as técnicas desenvolvidas na estratégia de IC para estar atento ao que acontece por trás do processo de negociação. Esteja pronto para abandonar suas premissas quando as coisas se dirigirem em uma direção que você não esperava. Os ajustes e as reformulações constantes exigidas nas negociações interculturais se encontram na base da ação de IC.

Agir com integridade

Por fim, independentemente do contexto cultural, não existem atalhos para se criar confiança. Apesar das muitas diferenças na maneira como a comunicação é gerada e comunicada, ela sempre repousará sobre princípios éticos. É verdade que existe muita ambiguidade sobre o que vem a ser uma atitude ética, especialmente em contextos culturais diferentes. Mas é fundamental que nos mantenhamos fiéis a nossos princípios éticos e aos do parceiro em potencial. Evite soluções rápidas que comprometam a segurança de um produto ou que levem a práticas trabalhistas abusivas, propaganda enganosa ou degradação ambiental. Elas não apenas vão violentar sua ética como também, a longo prazo, prejudicarão seus negócios. Nunca perca de vista as três linhas de resultado (veja o Capítulo 3) e sempre interaja de maneira honrada e respeitosa. Seja na hora de pagar um salário digno aos funcionários, seja numa questão de responsabilidade ambiental que evite poluir os rios para produzir um produto ou na hora de exigir que os fornecedores adotem as mesmas práticas trabalhistas utilizadas na sua empresa, não dá para exagerar a importância de se comportar de maneira ética ao atuar no âmbito internacional.

O processo de negociação em um contexto intercultural é a síntese das quatro dimensões da IC. Os executivos e as organizações que tiverem inteligência cultural terão uma bela vantagem no processo de negociação. Prepare-se para adaptar a forma de negociar quando trabalhar em contextos diferentes.

Saber quando se adaptar e quando não se adaptar

Há ainda uma técnica muito importante para ser dominada que ajuda a incrementar a ação de IC. Devemos copiar o comportamento das pessoas de outras culturas ou não? Um excesso de adaptação pode despertar suspeita e desconfiança e, mesmo assim, observamos repetidas vezes que um comportamento inflexível é sinônimo de morte certa para os líderes e as organizações no século XXI. Quando devemos mudar de estratégia e quando ela deve permanecer a mesma? Quando é a hora de não comer alguma coisa que faz embrulhar seu estômago e quando se deve comer e rezar dizendo "Meu Deus, ajude-me a engolir isto"? À medida que fomos aumentando o repertório de comportamento e de entendimento cultural vamos intuir melhor qual é a resposta certa.

Saber quando e se é a hora de adaptar um comportamento a outra cultura é uma pergunta complexa, mais ampla do que simplesmente conhecer o comportamento dos cidadãos de outras culturas. Ela exige o uso do conhecimento e da estratégia de IC para prever o que os indivíduos da cultura esperam de nós. Os cidadãos de Singapura têm uma ideia preconcebida de como os australianos se comportam e vice-versa. Os latino-americanos têm uma ideia de como os afro-americanos devem se comportar. A globalização da televisão, do cinema e da música desempenhou um papel imenso ao criar imagens preconcebidas das pessoas em várias culturas. Mesmo que o comportamento mostrado não seja exato, as percepções que eles deixam são muito reais. Se você agir de forma diferente das expectativas preconcebidas, vale a pena pensar no que isso vai comunicar a seus interlocutores. Ao lidar com indivíduos de formações culturais diferentes, devemos sempre nos perguntar: "Como essas pessoas esperam que eu aja, baseado em meu contexto cultural? Quais são os equívocos mais comuns que surgem nos preconceitos que elas fazem de mim?" Todas essas são considerações críticas no modo como lideramos e interagimos com os outros.

Algo que eu aprendi mais em matéria de ação de IC é que a inteligência cultural é uma via de mão dupla. Em certa ocasião cheguei a Singapura saindo direto de Serra Leoa, na África Ocidental. Uma vez lá, comecei a comentar com minha colega Soon Ang sobre alguns americanos que vira em Serra Leoa, que levavam água mineral e álcool em gel para todo lugar que fossem. Bastava cumprimentar alguém e lá iam eles limpar as mãos em público com o álcool. Para mim, parecia algo completamente insensível e absurdo. Soon me perguntou:

— Quer dizer que você quer que os americanos não usem o álcool em gel em público, mas não quer que os moradores de Serra Leoa saibam que os americanos têm mais chance de ficarem doentes num lugar como aquele?

Argumentei que eram os americanos que estavam viajando ao país dos outros e, portanto, não poderiam pedir que os anfitriões se adaptassem a eles. Ao mesmo tempo, muitos de nossos encontros interculturais não estabelecem uma distinção clara sobre quem é o visitante e quem é o anfitrião. Por isso, precisamos fazer com que a inteligência cultural seja incentivada em ambas as direções. O argumento de Soon é perfeitamente válido. Os relacionamentos interculturais mais ricos envolvem um comportamento culturalmente inteligente fluindo nos dois sentidos. Alguns de nós podem exercer papéis de liderança onde se pode contribuir para o desenvolvimento da inteligência cultural nos dois lados da fronteira.

E isso nos leva de volta à pergunta: adaptar-se ou não? Eu jamais aconselharia um americano a tomar água do poço de uma aldeia. Com toda a certeza, os viajantes precisam tomar precauções realistas para se prevenir contra doenças, independentemente da ofensa que isso possa representar. Mas os viajantes americanos de quem falei poderiam ter sido menos ofensivos ao serem mais discretos sobre a maneira e a ocasião de utilizarem a água mineral e o álcool em gel.

Existem *realmente* algumas situações em que a melhor opção é não se ajustar. Adaptar-se ao comportamento de outra cultura é uma faca de dois gumes. Um certo nível de adaptação na hora de se comunicar a alguns padrões da outra cultura geralmente é bem visto, porque leva a uma maior percepção das semelhanças. No entanto, uma adaptação exagerada é vista de forma negativa. Imitar tudo, indiscriminadamente, será visto como falta de sinceridade e até mesmo falsidade.[15] As pessoas que "encarnam a nova cultura" tentam se despir inteiramente de sua própria formação, em um rasgo de empolgação pela outra cultura. Pessoas assim podem ser vistas abraçando todos os valores e todas as práticas da nova cultura com uma ansiedade que chega a deixar perplexo quem faz parte de tal meio. Aceitar tudo sem o menor senso crítico ao mesmo tempo que se vira as costas para a cultura de origem não é um comportamento culturalmente inteligente.

Eu já vi isso acontecer muitas vezes com adultos que trabalham com adolescentes. Os jovens costumam ser gratos por terem professores e treinadores adultos que tentam entender e respeitar o que está por trás da moda e da música de seus alunos. Mas isso não quer dizer que eles queiram que seus professores comecem a se vestir igual a eles e que tenham as mesmas músicas no iPod. Não há nada pior do que ver um professor de 50 anos de idade se vestir e agir como se tivesse 15. Do mesmo modo, na maioria dos lugares, é hilariante e geralmente ridículo ver os estrangeiros se vestindo com roupas típicas do lugar. Que uma mulher se vista de uma maneira mais despojada do que a que está acostumada no próprio país, ou que um homem se vista melhor ou pior de acordo com as regras culturais, é aceitável. Da mesma forma, se sou convidado para dar uma palestra no Japão, a maioria dos japoneses vai ficar bem impressionada se eu for cortês, educado e um tanto reservado. Mas eles não esperam que eu vá dominar a complexa habilidade social japonesa, que inclui curvar-se de várias maneiras diferentes. Um leve baixar de cabeça é suficiente. Aliás, se eu tentar imitar demais uma cultura, na melhor das hipóteses meu comportamento será visto como divertido — no entanto, o mais provável é que seja interpretado como uma ofensa.

Adaptar-se ou não? Como saber? Essas perguntas mostram por que a ação de IC é, acima de tudo, o ponto culminante dos outros três passos em direção à inteligência cultural. Em vez de simplesmente imitar os comportamentos que observamos, precisamos nos adaptar baseados no conhecimento da outra cultura e nas expectativas das pessoas. Utilizando esse entendimento cultural, a estratégia de IC vai nos ajudar a prestar mais atenção às devidas pistas para avaliar os possíveis resultados e até que ponto nosso comportamento está sendo adequado. Temos de nos perguntar: "Quando é que o ato de adaptar nosso comportamento ao das outras pessoas vai melhorar nossa capacidade de atingir os objetivos? E quando esse ajuste vai minar nosso desempenhou ou, no mínimo, fazê-lo parecer confuso e forçado? As culturas com as quais mantemos contato constante e prolongado são exatamente aquelas sobre as quais devemos aprender mais e fazer os ajustes necessários.

Com experiência e níveis cada vez mais altos de inteligência cultural, uma parte das adaptações poderá ficar tão bem incutida que passaremos a nos adaptar naturalmente, sem ter de pensar muito a respeito. A meta é justamente essa. Queremos chegar a um ponto em que esse alto nível de pensamento e de ação ocorra com a mesma naturalidade dos pensamentos e dos comportamentos que utilizamos nos contextos culturais que conhecemos. Chegar lá pode ser apenas uma questão de tentativa e erro. Tente adaptar-se um pouco e ver o que acontece. Experimente fazer isso em várias situações diferentes. Pergunte a um colega de confiança que conheça o contexto cultural como os seus ajustes (ou a falta deles) serão percebidos pelos outros. Aí, pergunte a outra pessoa. E depois a mais uma.

O comportamento é ambíguo. A mesma ação pode ter diversos significados dependendo de quem está realizando-a, onde ela está ocorrendo e com que pessoas se esteja lidando. Mas, ao passar pelos quatro passos do ciclo da IC, vamos ter um discernimento melhor de que comportamentos adaptar e quais *não* adaptar.

Conclusão

Minhas duas filhas são muito diferentes entre si. Emily é caseira e gosta de relaxar, ler um livro juntinho e compartilhar uma longa refeição. Grace, por outro lado, está em constante movimento. Ela se sente mais feliz fazendo muitas coisas. Gosta de caminhar até uma loja, ir até o lago, brincar com o frisbee e trabalhar em projetos de arte — tudo ao mesmo tempo. E eu gosto de me relacionar com minhas filhas de forma a expressar o amor profundo que sinto por elas. Por isso, lido com as duas de maneiras diferentes, de acordo com as personalidades. Isso não quer dizer que eu seja um camaleão. Apenas quero que elas sintam meu sentimento de uma forma que seja significativa para cada uma delas.

Dificilmente conseguiremos saber as preferências individuais de todos que conhecemos em nosso trabalho. Mas aprender as regras culturais de grupos sociais diferentes faz com que nos comportemos de forma mais eficaz e respeitosa. É por isso que a inteligência cultural é tão importante para mim. É uma habilidade fundamental para um líder tratar os demais seres humanos com dignidade e respeito. E ela permite que eu ajuste meu comportamento de maneira a atingir meus objetivos.

Os problemas mais comuns na liderança em contextos culturais variados não são técnicos ou administrativos. Os maiores obstáculos são a falta de comunicação, os conflitos de personalidade, uma liderança de má qualidade e um trabalho em equipe deficiente. A inteligência cultural é demonstrada através das interações sociais nos relacionamentos interculturais. A dimensão comportamental da inteligência cultural parte da motivação, do entendimento cultural e das estratégias para adaptar apropriadamente a comunicação e as práticas de negociação. A ação de IC se refere a escolher as melhores práticas a partir de um repertório de comportamentos bem desenvolvidos que são adequados para diferentes situações.

Podemos perfeitamente respeitar as normas e os costumes dos outros sem achar que somos obrigados a nos adaptar a tudo aquilo que observamos. O objetivo não é se atingir um comportamento intercultural à prova de erros. Ao contrário, algumas das maiores lições podem ser aprendidas com as mancadas que cometemos. Mas, à medida que aumentamos a perseverança, o entendimento e a interpretação, chegamos mais perto de um comportamento que leva a uma liderança mais eficaz.

MELHORES PRÁTICAS PARA A AÇÃO DE IC

1. *Descubra quais são as práticas e os tabus mais relevantes nas regiões em que você mais trabalha.* Saber a hora e a maneira de se trocar um cartão de visita, as regras para presentear alguém e se situações em que é necessário usar a mão esquerda são alguns dos comportamentos específicos que se deve conhecer. Embora não seja possível dominar todas as práticas e todos os tabus, você poderá pelo menos descobrir quais melhorarão e quais atrapalharão sua eficácia.

2. *Esteja sempre procurando retorno.* Um feedback que o incentive e, ao mesmo tempo, o corrija é fundamental para uma boa ação de IC. Procure descobrir um jeito de saber como seu trabalho está sendo genuinamente avaliado. Tanto o feedback positivo quanto o negativo são uma maneira eficaz para melhorar sua habilidade e adaptar seu comportamento.

3. *Vá com alguém.* Sempre que você tiver uma reunião ou uma viagem que envolva um trabalho intercultural, leve alguém. Analisar juntos os problemas e as recompensas de uma negociação ou trabalho intercultural é muito mais eficaz do que tentar fazer tudo sozinho.

4. *Avalie a ação de IC em todas as contratações-chave da administração.* Apesar de uma força de trabalho cada vez mais diversificada ser de uma importância estratégica e fundamental, não basta só contratar mais indivíduos integrantes de minorias

ou grupos perseguidos. Todo cargo de administração, principalmente os ocupados por pessoas da cultura dominante, deve ser dado a indivíduos dotados de inteligência cultural.

5. *Adote um programa de tolerância zero com piadinhas e linguajar de mau gosto dirigidos a qualquer grupo social específico (étnicos, religiosos ou de orientação sexual, entre outros).* Incentive a diversidade sendo flexível com as roupas e o comportamento, desde que isso não atrapalhe os objetivos de sua empresa.

Parte III

Como aplicar a IC?

CAPÍTULO 8

VISLUMBRANDO A VIAGEM À FRENTE: PROVAS E CONSEQUÊNCIAS DA IC

Simon se manteve mais uns seis meses na faculdade da Nova Inglaterra, antes de aceitar o fato de que simplesmente não se encaixava ali. Ele ficou muito mais atento para o que estava acontecendo por lá e conseguiu até articular alguns dos comportamentos que precisava mudar para se adaptar à cultura da faculdade. No entanto, Simon não percebeu a mesma disposição da instituição para se adaptar a ele.

Como se o desafio de comandar uma faculdade em dificuldades na Nova Inglaterra não fosse o bastante, Simon ainda adquiriu uma pequena empresa fornecedora de treinamento executivo a líderes mais velhos. A empresa fora muito lucrativa nos Estados Unidos, mas seu último proprietário havia expandido o negócio para a Ásia e a Europa, e as margens de lucro acabaram caindo nos últimos cinco anos. No ano anterior, a empresa tivera um prejuízo de 1 milhão de dólares. Simon aprendeu alguns conceitos muito importantes sobre si mesmo e o desafio de liderar em várias culturas — organizacionais, regionais e étnicas. Ele queria ver se conseguia comandar um novo desafio multicultural e ajudar outros executivos a fazerem o mesmo. Nos meses seguintes, Simon e eu trocamos dezenas de telefonemas e e-mails e fizemos algumas refeições juntos. Ele queria aprender mais sobre a inteligência cultural, para saber se podia aplicá-la a seu próprio estilo de liderança e aos líderes de sua nova empresa.

Com seu jeito afável e direto, ele me disse:

— Muito bem, Dave! Mostre-me o que sua pesquisa de IC tem a oferecer para uma pessoa como eu.

As três perguntas principais que ele me fazia eram as seguintes:

1. Existe algum resultado concreto que se possa creditar à liderança com inteligência cultural?

2. Existe alguma maneira de detectar se alguém tem inteligência cultural?

3. Quais são as melhores maneiras de se desenvolver a inteligência cultural?

Este capítulo começou na forma de uma conversa com Simon. Primeiro, resumi para ele as consequências de liderar com IC, depois mostrei como reconhecer a IC de alguém e, finalmente, fiz uma lista das maneiras como alguém pode aumentar sua inteligência cultural. Nesse mesmo sentido, as duas primeiras seções deste capítulo oferecem um pequeno resumo do que as pesquisas descobriram sobre alguns resultados-chave e indicadores de inteligência cultural.[1] A seção "Maneiras de se desenvolver a IC" que aparece mais tarde neste capítulo dá várias sugestões práticas para aumentar sua IC.

Resultados da IC

Nós finalmente fechamos o ciclo e voltamos à pergunta feita no Capítulo 1: por que a IC? Agora que temos um entendimento mais amplo do que é a IC e de como desenvolvê-la, o que faremos? Um número cada vez maior de executivos reconhece que a IC é extremamente útil ao lhes proporcionar uma vantagem competitiva para aproveitar as oportunidades do século XXI. Pesquisas demonstram que líderes e organizações que priorizam a inteligência cultural estão mais propensos a realizar bem as missões que lhes são confiadas. Aliás, as provas de que as organizações que dão prioridade à inteligência cultural recebem inúmeros benefícios são cada vez maiores, e entre eles estão:

Melhoria de performance

A IC é um indicador bastante forte do desempenho geral de um líder e de sua capacidade de adaptação ao se encontrar em situações multiculturais.[2] Aliás, quando foi testada entre executivos de diversas organizações do mundo inteiro, a relação entre a IC e o bom desempenho intercultural de um líder se revelou muito mais forte do que a relação entre as características demográficas de um executivo (sexo, idade, local de nascimento) e seu desempenho em um contexto multicultural. O mesmo valia para sua capacidade cognitiva. A IC estava muito mais relacionada ao desempenho geral de uma pessoa em outra cultura do que outros fatores, como um ótimo desempenho acadêmico ou um QI excepcional. Mais especificamente, a vontade de ter IC, a estratégia de IC e a ação de IC revelaram ter uma correlação positiva com o sucesso de um indivíduo ao realizar uma tarefa.[3]

Barclays, um conglomerado imenso de serviços financeiros, utilizou o conceito de inteligência cultural com seus principais executivos para lidar com as operações cada vez maiores da empresa por toda a Europa, África, Ásia, Austrália, as três Américas e o Oriente Médio. Enquanto a empresa continuava a disseminar a inteligência cultural pelos altos escalões da companhia, o Barclays viu que, no mundo inteiro, a força de trabalho se sentia bem mais integrada aos afazeres do banco. O Lloyds TSB também encarou o desafio de melhorar as relações com os clientes através da IC, o que resultou em um aumento dos fluxos de caixa e em uma melhor administração de custos. E a Levi Strauss alterou significativamente sua estratégia de marketing global em decorrência da IC, ao mesmo tempo em que descobriu uma correlação positiva com as margens de lucro da empresa.[4] Muitas outras companhias, universidades, instituições de caridade e governos também viram ganhos positivos com o uso da inteligência cultural para atingir os resultados almejados.

Melhor tomada de decisão

A forma de se tomar decisões de maneira instintiva e baseada no senso comum simplesmente não vai funcionar no século XXI. Como foi observado no Capítulo 1, o maior desafio identificado pelos atuais executivos de alto escalão é entender os clientes das várias localidades.[5] À medida que os mercados internacionais vão se tornando mais importantes, os líderes de uma série de organizações passam a ver que existe uma relação positiva entre a inteligência cultural e sua capacidade de tomar decisões bem formadas, tendo em vista as inúmeras diferenças culturais.

Sem o entendimento adquirido pela inteligência cultural, as organizações estariam em desvantagem na hora de tomar decisões estratégicas em suas operações diárias, e mais ainda em um período de crise.[6] Nenhum setor sente tanto a falta de um melhor discernimento em situações interculturais do que as companhias aéreas. Desde o 11 de Setembro, as companhias estão mais atentas para a possibilidade de terem de lidar com uma crise. Pilotos de duas e até três culturas diferentes costumam dividir o *cockpit* e a responsabilidade pelo voo. Os voos internacionais dependem da comunicação entre pilotos e a torre de controle de inúmeros países. Todos nós desejamos que essas pessoas consigam se comunicar com eficiência e tomar as melhores decisões. A Lufthansa acredita que a inteligência cultural desempenha um papel central em sua estratégia geral de administração de crises. Vimos que a inteligência cultural gera melhores decisões de executivos que trabalham com questões e pessoas de várias culturas (ou seja, quase todos nós). Existe uma correlação especialmente positiva entre as dimensões do conhecimento e da estratégia de IC com uma melhor tomada de decisão.[7]

Flexibilidade

A flexibilidade geralmente é a necessidade mais citada para se trabalhar com várias culturas. Mas é muito raro que os executivos recebam treinamentos específicos sobre como se tornar mais flexível. A inteligência cultural está positivamente relacionada com a capacidade de um executivo de trabalhar e se adaptar a um ambiente em que as premissas, os valores e as tradições são diferentes do contexto local.[8]

Os CEOs e gerentes de divisão com níveis mais altos de IC trabalham com mais eficiência com equipes multiculturais do que os líderes com menor nível de IC.[9] Eles têm mais êxito em criar ambientes de colaboração entre culturas diferentes e podem adaptar suas estratégias para utilizá-las em situações culturais diferentes.

Expansão internacional

A inteligência cultural também desempenha um papel muito importante na capacidade de um líder para se desenvolver e se expandir internacionalmente. Doug Flint, CFO do gigante bancário HSBC, afirma:

> Se você for a qualquer fórum de negócios na Europa ou nos Estados Unidos e perguntar que país será o mais importante da

arena global daqui a 25 anos, aposto que a vasta maioria dirá que é a China e, em segundo lugar, provavelmente a Índia. E então, se você perguntar quanto os europeus e os norte-americanos sabem sobre a história e a cultura desses dois países, a resposta seria: praticamente nada.[10]

As empresas com líderes munidos de inteligência cultural em seus escalões mais altos são mais suscetíveis a conseguir se expandir para os mercados internacionais do que aquelas com um nível menor de inteligência cultural. Tudo o que vai desde o domínio da capacidade de negociar e o lobby com diversos governos até a utilização dos canais informais de comunicação são técnicas a serem encontradas com mais facilidade entre os líderes dotados de inteligência cultural.[11]

Seu melhor empregador

No Capítulo 1, observamos que atrair e reter os melhores talentos é mais uma necessidade premente sentida pelos executivos principais.[12] As chances de uma empresa vir a ser a primeira opção de um funcionário aumenta muito quando os candidatos veem a IC ser valorizada e modelada pela organização como um todo. Empresas como a Novartis e a Nike descobriram que seus candidatos mais perspicazes identificavam uma mentalidade culturalmente inteligente como uma das mais importantes características que eles procuravam em um empregador em potencial. Eles queriam entrar para empresas como a IBM, que veem a diversidade como uma vantagem importante para os negócios, em vez de vê-la como um obstáculo ou um mal necessário.

Cerca de 85% dos executivos em ascensão "concordam fortemente" que a sensibilidade global e um compromisso com o bem comum são extremamente importantes para eles ao considerar um empregador para agora ou para o futuro. Eles querem trabalhar em um lugar onde possam crescer e se desenvolver com inteligência cultural, sabendo que ela é um modelo e uma prioridade.[13]

A prevenção do desgaste e a geração de satisfação pessoal

Os executivos que desenvolvem a inteligência cultural têm menos probabilidade de passar por um processo de exaustão, que é sempre uma grande ameaça para os líderes e as organizações da atualidade. Essa descoberta é especialmente verdadeira para os viajantes de curta duração, que entram e saem de vários lugares diferentes todo mês.[14] Com a inteligência cultural, esses viajantes contam com um modelo de quatro passos para guiá-los. O estresse e a fadiga são inevitáveis para qualquer executivo que trabalha em contextos culturais diferentes. É mais difícil desempenhar as tarefas em uma nova cultura do que em casa. A inteligência cultural diminui o cansaço que surge ao lidar com situações interculturais e, consequentemente, gera uma maior sensação de satisfação pessoal. Isso está relacionado ao desenvolvimento de técnicas de liderança transformacionais.[15]

São necessárias ainda muitas pesquisas para validar os resultados da liderança com inteligência cultural. No entanto, as primeiras descobertas são extremamente promissoras. E Simon concorda comigo. Um ano depois de adquirir um novo negócio, ele conseguiu fazer a empresa voltar a dar lucro. Apesar de a expansão internacional ter dado prejuízo nos anos anteriores, os mercados globais apresentaram os maiores lucros depois do primeiro ano de comando de Simon.

Indicadores de IC

O que pode indicar se uma pessoa tem inteligência cultural? Dezenas de estudos foram feitos nas Américas, na Ásia, na Austrália e na Europa para investigar que experiências e características de personalidade têm mais potencial para influenciar uma pessoa a ter uma maior IC. São descobertas importantes para ajudar no processo de contratação e promoção das empresas.

Características de personalidade

Ao definirmos a inteligência cultural no Capítulo 2, observamos que a ênfase da IC *não* repousa na personalidade inata de alguém, mas em um talento que pode ser desenvolvido. Qualquer um pode aumentar sua inteligência cultural. Dito isso, existem algumas relações entre as Cinco Grandes Características da personalidade e as quatro dimensões do modelo de inteligência cultural. O modelo das Cinco Grandes Características de personalidade é considerado a avaliação mais completa de uma personalidade. Veja no resumo feito na Tabela 8-1 como essas cinco características da personalidade estão relacionadas com as dimensões da IC. Um "X" significa uma correlação positiva entre a característica da personalidade e a respectiva dimensão da IC (por exemplo, "extroversão" indica uma grande vontade de ter IC, conhecimento de IC e ação de IC, mas não de estratégia de IC. "Simpatia" indica um alto nível de ação de IC, mas não das outras três dimensões).[16]

Se você der uma busca na internet procurando testes das Cinco Grandes Características de personalidade, encontrará muitos testes abertos que oferecem um autorretrato gratuito de suas tendências nessas categorias. Esse tipo de entendimento poderá ajudá-lo a ver quais são as dimensões de IC que lhe ocorrem com mais naturalidade. Ser extrovertido não é um indicador 100% certo de uma maior ação de IC. Mas ao juntá-lo com as outras maneiras de se desenvolver a IC, você verá que existe uma correlação positiva entre a extroversão e a ação de IC. Como notamos na Tabela 8-1, estar aberto a novas experiências ou possuir uma curiosidade sobre o mundo está positivamente relacionado a todas as quatro dimensões da IC. Analise a relevância das outras relações identificadas na Tabela 8-1 para você e sua equipe.

Tabela 8-1. Relação entre características de personalidade e a inteligência cultural

Característica da personalidade	Definição	Vontade	Conhecimento	Estratégia	Ação
Extroversão	Até que ponto uma pessoa é sociável, expansiva e tira sua energia do fato de estar com outros.	X	X		X
Afabilidade	Até que ponto uma pessoa confia e coopera com outros, em vez de ser desconfiada e fazer oposição.				X
Conscienciosidade	Até que ponto uma pessoa tem disciplina, sabe se planejar.			X	
Estabilidade	Até que ponto uma pessoa é emocionalmente estável e pouco ansiosa.				X
Abertura	Até que ponto uma pessoa tem imaginação e está aberta a experiências e perspectivas variadas.	X	X	X	X

Experiências

Existem também três experiências-chave que revelam consistentemente uma correlação positiva com a IC: a experiência intercultural, o nível educacional e o fato de trabalhar em equipes multiculturais. Essas experiências moldaram várias das melhores práticas recomendadas neste livro para aumentar a inteligência cultural.

A experiência intercultural, por si só, não garante a inteligência cultural, mas, quando unida às outras habilidades da IC, desempenha um papel fundamental. Aqueles que passaram por múltiplas experiências em diversos lugares sem dúvida se beneficiam muito mais das interações e das viagens interculturais do que aqueles que estiveram em apenas um ou dois lugares, ainda que por um bom tempo. Paralelamente, quanto mais forem os países em que você morou por mais de um ano, maior a relação positiva que existe entre sua experiência intercultural e a inteligência cultural.[17] As experiências da infância têm um papel menor no desenvolvimento da IC do que suas experiências como adulto, quando fazemos nossas próprias escolhas sobre viagens, trabalho e interações interculturais. Em geral, a experiência intercultural é positivamente relacionada com todas as quatro dimensões da IC e ao talento geral para a IC. O número cada vez maior de viagens pelo mundo por mais e mais pessoas é uma influência promissora para o aumento da inteligência cultural.[18]

O nível educacional do indivíduo também está positivamente relacionado à inteligência cultural. Uma educação avançada, tanto formal quanto informal, mostra uma relação positiva com o resultado geral de inteligência cultural. Especialmente o nível superior completo e o de pós-graduação indicam uma habilidade de perceber o mundo de maneira mais complexa. Repetimos que, apesar de não ser o único indicador, o nível de educação e a inteligência cultural estão positivamente relacionados.[19] Apesar de a educação não ser a única maneira pela qual podemos desenvolver a IC, ela é valiosa.

Finalmente, nossa identidade global é a sensação de pertencer a equipes de trabalho culturalmente diversas. O número de vezes em que você já participou de equipes multiculturais o ajudará a se adaptar a diversas situações culturais. Há uma correlação positiva entre inteligência cultural e o fato de trabalhar para uma organização com uma equipe diversificada.[20]

Existem várias outras relações que estão sendo pesquisadas, inclusive as influências de sexo, idade, orientação religiosa, profissão e a IC. Mas a pesquisa sobre esses fatores ainda é incompleta demais para sugerir qualquer indicação. Apesar de ajudar a perceber a ligação que existe entre as características de personalidade e as experiências, vale lembrar que a inteligência cultural é dinâmica e um conjunto de habilidades que pode crescer e ser alimentado dentro de nós, independentemente de nossas experiências e características de personalidade. A maneira mais útil de se aferir a IC, em nós mesmos e nos outros, é através de uma avaliação de IC e procurando os indicadores descritos nos Capítulos 3 a 7.

Maneiras de desenvolver a IC

Finalmente, vamos analisar as maneiras concretas para desenvolver a inteligência cultural enquanto nos movimentamos pela vida. A Parte II deste livro foi dedicada a mostrar como desenvolver a IC através do ciclo de quatro passos. Além disso, há dezenas de formas práticas de aproveitar as atividades do dia a dia para aumentar a inteligência cultural. Algumas dessas ideias já apareceram nas melhores práticas de cada passo, mas incluí uma lista rápida aqui, para algumas atitudes realmente muito simples de desenvolver a inteligência cultural.

- *Leia*. Um livro como este pode oferecer uma breve introdução para um conceito como a inteligência cultural, mas biografias, memórias e romances oferecem um encontro muito mais robusto e visceral com pessoas de outras culturas e novos lugares. Veja as minhas sugestões em www.davidlivermore.com (em inglês).
- *Vá ao cinema*. Existe um número cada vez maior de filmes que mostram a visão de um outro mundo. Eles nos permitem sair de nossas circunstâncias imediatas e comparar nossas experiências

com as das pessoas daquele contexto. Vá ao site www.davidli-vermore.com para ver alguns de meus favoritos.

- *Coma fora*. Amplie seus horizontes e tente comer iguarias de lugares diferentes. Se possível, compartilhe a refeição com alguém que venha daquela cultura e veja que perspectiva ele pode oferecer sobre os diferentes pratos.

- *Faça um diário*. Registre suas observações, experiências e perguntas interculturais. Não escreva para o público. Basta escrever o que você pensou, sentiu ou não gostou. Compare suas expectativas com as suas experiências e perceba como suas reflexões mudam ao longo do tempo e das situações.[21]

- *Aprenda uma nova língua*. Faça aulas de alguma língua estrangeira ou contrate alguém para ensiná-lo. Ou então confira um software como o Rosetta Stone ou um dos programas de imersão oferecidos em muitos lugares do mundo.

- *Participe de festividades culturais*. Com a diversidade cada vez maior no mundo inteiro, as festividades características de várias lugares estão cada vez mais perto de nós. Localize uma organização étnica em uma comunidade perto de você e participe de suas comemorações. E diga sim ao ser convidado para a cerimônia de casamento em outra cultura.

- *Vá a um templo, mesquita ou igreja*. Veja em qual desses três você se sentiria mais *desconfortável* e vá justamente nesse. Tenha respeito, é claro, e procure suspender seu julgamento sobre os praticantes daquela religião. Observe apenas o que acontece. Tente compreender essa cultura.

- *Busque novas fontes de notícia*. Não receba todas as notícias do mesmo lugar. Se você tiver uma fonte favorita, ótimo, mas dê uma olhada em como as outras fontes relatam a mesma notícia ou acontecimento. E encontre fontes que possam mantê-lo informado sobre os grandes acontecimentos do mundo, como a BBC News, a Public Broadcasting ou a www.worldpress.org (em inglês).

- *Observe a cultura*. Esteja sempre de olhos abertos para a maneira como a cultura afeta aquilo que você vê. O que um site de uma empresa fala sobre quem eles são? Por que um restaurante escolheu aquele logotipo? Por que as casas de um determinado bairro têm uma determinada aparência?
- *Participe de um grupo multicultural*. Independentemente de ser um grupo de leitura, uma banda de música ou uma mesa-redonda de executivos, procure oportunidades de fazer amizade com pessoas de grupos sociais diferentes e observe a forma como a cultura molda o jeito como cada indivíduo do grupo interage.
- *Faça um curso de interpretação*. Os atores muitas vezes investem semanas e até meses para pesquisar a vida de um personagem que vão interpretar. Eles têm muito a nos ensinar sobre como adaptar nosso comportamento a outras culturas.
- *Encontre um treinador cultural*. Encontre alguém que compreenda os desafios de criar pontes com as culturas com as quais você tem maior dificuldade em lidar. Ou, no mínimo, encontre um colega que se junte a você em sua jornada na direção de uma maior inteligência cultural.
- *Faça um curso*. Cursos formais e treinamento sobre culturas ou sobre várias partes do mundo exercem um papel significativo para aumentar nossas experiências culturais. Os melhores cursos envolvem algum tipo de imersão em vários contextos culturais, nos quais você pode efetivamente passar algum tempo interagindo com as pessoas daquela cultura.
- *Viaje*. Existem muitos lugares seguros, divertidos e relativamente baratos onde você pode estudar ou passar as férias. Ande pelas ruas, faça suas compras nas lojas locais, vá aos lugares mais conhecidos e tente sugar o máximo de cultura que puder sem se tornar um estorvo para os outros.
- *Leia o jornal do lugar para onde você viaja*. Procure um jornal em sua língua *do lugar onde estiver*. Leia tudo, até mesmo os

anúncios, os classificados e os avisos públicos. É possível ter insights fascinantes de um lugar pelo que é relatado no noticiário local. Leia até mesmo os obituários.

- *Monte um clube religioso.* Participe de encontros com pessoas de outras religiões e de crenças diferentes das suas. Leia livros de pessoas cujas opiniões você provavelmente discordaria.[22]

- *Crie listas de tabus.* Escreva as palavras e os comportamentos a se evitar uma determinada cultura com a qual você trabalha. Deixe essa lista por perto para consultá-la ou fazer acréscimos, conforme necessário.

- *Vá a um museu.* Visite um museu e aprenda sobre a história e a arte das diversas culturas. Participe de um seminário sobre a história ou a literatura do lugar onde você trabalha.

- *Interprete um papel.* Faça algo de modo muito diferente do seu habitual (por exemplo, comer com as mãos ou falar bem perto de alguém) e pratique. Convide alguns amigos e façam isso juntos.

- *Converse com os motoristas de táxi.* Pergunte qual é a opinião dos motoristas de táxi sobre os acontecimentos locais. Alguns de meus melhores insights sobre um lugar partiram deles. Eles conhecem a cidade e veem todo tipo de gente. Aprenda com eles!

- *Pegue um transporte público.* Mesmo que você salte dois pontos adiante, entre em um ônibus ou trem para andar da maneira como um grande número dos habitantes locais se locomove.

- *Passeie pelo armazém local.* Mesmo que você não compre nada, visite o armazém local. Veja que tipo de comidas estão à venda, como são mostradas e quem as vende.

- *Pergunte muito — sempre.* Pergunte. Ouça com atenção. Pergunte. Ouça com atenção. Pergunte. Ouça com atenção. Não consigo pensar em nada mais importante na jornada para a inteligência cultural do que isso. Faça sempre perguntas sobre si mesmo. Faça sempre perguntas sobre os outros. E ouça o que as pessoas respondem (e também o que elas *não* dizem!).

- *Identifique sua dimensão mais fraca de IC (vontade, conhecimento, estratégia ou ação).* Vá até a lista de melhores práticas que estiver no final do passo que for mais difícil para você e comece por ela.

As possibilidades são muitas. Essas práticas têm pouco valor sem a explicação mais completa de como se encaixam no quadro mais amplo da inteligência cultural. Mas é importante ver a IC não como uma busca avassaladora e que toma boa parte de seu tempo. Muitas dessas atividades podem se encaixar perfeitamente em sua agenda e em sua rotina.

COMO AUMENTAR SUA INTELIGÊNCIA CULTURAL

Passo 1: Vontade de ter IC
- Seja honesto consigo mesmo.
- Avalie seu grau de confiança.
- Coma e socialize-se.
- Conte os prêmios.
- Trabalhe pelas três linhas de resultado.

Passo 2: Conhecimento de IC
- Veja o papel que a cultura exerce em sua vida e na das outras pessoas.
- Faça um resumo dos sistemas culturais básicos.
- Aprenda os valores culturais cruciais.
- Entenda outras línguas.

Passo 3: Estratégia de IC
- Seja mais consciente em relação aos outros.
- Planeje suas interações interculturais.
- Verifique sempre se seus planos e suas premissas são apropriados.

Passo 4: Ação de IC
- Adapte a comunicação.
- Negocie de maneiras diferentes.
- Saiba quando se adaptar e quando não se adaptar.

Conclusão

Há pouco tempo, Simon me disse que não precisava de mais munição para acreditar no valor da inteligência cultural. Ele o constatou na própria empresa e em seu trabalho como executivo. A essa altura, Simon já está no segundo ano de seu comando na nova empresa e lidera uma equipe de treinadores e preparadores espalhada por 15 países. Além disso, a empresa está em seu ano mais lucrativo. Eu seria o primeiro a reconhecer os inúmeros fatores que contribuíram para o sucesso de Simon. Mas, ao fazer uma avaliação com a equipe dele nos 15 países, descobri que para seus subordinados Simon possui um talento incrível para oferecer uma visão instigante e unificada de toda a empresa, ao mesmo tempo que dá espaço para que membros de cada equipe adaptem seu trabalho ao contexto em que estão — da maneira que acharem melhor. É difícil acreditar que esse é o mesmo executivo que foi descrito como "manipulador e sem autenticidade" pelos colegas na Nova Inglaterra.

A inteligência cultural está diretamente ligada ao desempenho pessoal e da organização. Vários fatores moldam a IC de um indivíduo, mas todo mundo pode se aprimorar na viagem para se tornar mais eficiente com as outras culturas. Um jantar e um cinema, uma corrida de táxi e um passeio pelo mercado são algumas estratégias simples de começar a desenvolver sua IC ainda esta semana.

CAPÍTULO 9

CONVOCANDO SEUS COMPANHEIROS DE VIAGEM: COMO DESENVOLVER A IC NA SUA EQUIPE

A inteligência cultural é um conjunto de habilidades importantes para qualquer um que esteja vivendo e trabalhando no século XXI, mas é fundamental para quem precisa *liderar*. Negócios lucrativos e sustentáveis necessitam de executivos que compreendam os diversos mercados. As missões militares bem-sucedidas dependem de oficiais que liderem suas tropas em combates estratégicos. As instituições de caridade precisam de líderes com uma mentalidade globalizada que possam trabalhar de forma eficiente além das fronteiras nacionais.

Se os líderes não se munirem de inteligência cultural, acabarão sendo comandados pelas culturas em que trabalham, em vez de guiarem-nas com seus valores e objetivos.[1] A maior parte deste livro se concentrou no desenvolvimento da inteligência cultural pessoal para aqueles de nós que exercem papéis de liderança. Mas, ao descobrirmos os benefícios pessoais da inteligência cultural, inevitavelmente vamos querer vê-la influenciar toda nossa organização. Este último capítulo cobre uma série de estratégias fundamentais para se comandar uma organização culturalmente inteligente.

Integre a IC em sua missão

Comandar uma organização com o objetivo de torná-la mais dotada de inteligência cultural começa pelo casamento da IC com a missão geral de sua empresa. Em vez de fazer da IC uma questão secundária, costure o fio de um engajamento global eficiente e respeitoso no tecido de sua visão institucional. Isso poderá até redefinir o que "sucesso" significa para sua organização. Agregue medidas para a responsabilidade social e o respeito às metas financeiras. Não subestime essa conexão. Permeie seu planejamento estratégico com ações que o movam na direção de um comportamento mais inteligente do ponto de vista cultural. Em vez de se sentir assoberbado e excessivamente exigido por equipes de trabalho virtuais em um mundo globalizado, explore as forças e as oportunidades que existem no mundo real do século XXI.

Imagine uma organização que não apenas sobrevive no mundo caótico e imprevisível da globalização, mas que consegue prosperar nele. Desenvolva uma visão para desafiar as estatísticas desalentadoras que indicam uma chance de 70% de fracasso nos empreendimentos internacionais. E acredite que os líderes e as organizações culturalmente inteligentes desfrutam de lucros tangíveis e altruístas que são bem maiores que os custos. Como demonstramos em todas as pesquisas citadas neste livro, o valor econômico agregado pela integração da inteligência cultural à liderança está mais do que comprovado. Entre para um movimento de líderes que está fazendo da inteligência cultural o *modus operandi* da liderança no século XXI, bem como uma parte central de sua missão pessoal, sua visão e seus valores.

Faça os executivos principais se comprometerem

A menos que os executivos principais abracem a visão e os valores de uma organização, essas ideias não passarão de meras palavras em um site da internet ou em uma apresentação de PowerPoint. Isso é ainda mais verdade ao se abraçar a noção de se tornar mais uma força de inteligência cultural neste mundo. O nível de inteligência cultural entre os principais executivos de uma instituição é a variável mais consistente para ver se uma organização atua no mundo com um histórico de dignidade, respeito e responsabilidade social Os executivos principais têm de priorizar a inteligência cultural para que ela se torne uma característica-guia e um *modus operandi* da organização como um todo. A atitude de lidar e responder a mudanças muito rápidas nas circunstâncias e adotar uma estratégia global dependerá de uma equipe de executivos que consigam tirar proveito do ciclo de quatro passos da inteligência cultural.[2]

Comece fazendo um esboço para seus líderes de como seria uma organização munida de maior inteligência cultural. Estas são algumas das perguntas que costumo utilizar com os executivos principais ao falar sobre isso:

- Quais são suas principais metas de desempenho?
- Quais são os maiores desafios que o impedem de alcançar essas metas?
- Em que sentido a cultura exerce algum papel nos seus problemas (por exemplo, uma força de trabalho muito dispersa, equipes multiculturais, mercados de culturas diferentes, tarefas que obrigam os executivos a morar fora do país ou a fazer viagens curtas)?

Comunique as maneiras como a inteligência cultural pode ajudar a resolver alguns dos principais obstáculos que a equipe enfrenta. Explique o ciclo de quatro passos do modelo da inteligência cultural e analise seus pontos regularmente nas divergências culturais que você enfrenta como líder. Faça com que cada líder complete uma aferição de IC (para mais informações, acesse http://www.cq-portal.com — em inglês).

Depois disso, desenvolva um plano cooperativo para tornar a inteligência cultural algo inexorável no futuro de sua organização. Isso não pode ser visto apenas como um mero departamento como recursos humanos ou operações internacionais. Os executivos principais têm de dar o exemplo pessoalmente e liderar com inteligência cultural. É imperativo que a IC esteja integrada a todas as partes da organização.

Ocupe a organização de pessoas que tenham IC

Apesar de os executivos nos postos principais de uma organização serem obrigados a dar o exemplo e abraçar e priorizar a inteligência cultural, com o tempo a maior parte dos membros de uma organização precisará ser dotada, até certo ponto, de inteligência cultural. Quanto maior a distância cultural para os funcionários comuns em seus trabalhos diários, mais importante será para eles compreenderem e crescerem em matéria de inteligência cultural. Por isso, os cargos mais óbvios em que a inteligência cultural deva ser uma habilidade desejável em sua equipe incluem os de gerente de projeto, os que se mudam para um país estrangeiro e as pessoas que viajam para o exterior representando a empresa.

Pense em como desenvolver a inteligência cultural mesmo entre aqueles funcionários que não ocupam os cargos que tenham responsabilidade direta para negociar e interagir com outras culturas. A visão e os valores de sua organização são, no fim das contas, qualquer experiência que um cliente tiver cada vez que ele interagir com alguém da equipe. O funcionário de apoio que responde a seus e-mails e a suas ligações telefônicas *é a organização* para a pessoa que está do outro lado da linha ou no outro computador. O professor que dá aula a portas fechadas para uma turma de alunos *é a universidade* para seus alunos. A enfermeira que trata do imigrante *é o hospital* para aquele paciente e para aquela família. Refletir a inteligência cultural na maneira como você descreve sua missão, coloca seus produtos no mercado ou compartilha sua visão é importante. No entanto, isso é muito pouco comparado ao papel que seu pessoal desempenha ao comunicar como sua organização funciona com pessoas diferentes. A maneira como a equipe se comporta com aqueles de outras culturas reflete muito da forma como a organização as vê. Comece aferindo até que ponto a inteligência cultural é importante para os vários cargos da organização. Duas funções nas quais a IC é extremamente importante são a equipe de recursos humanos e aqueles que têm de viajar para o exterior ou trabalhar lá.

Equipe de recursos humanos

Existem poucos departamentos para quem a inteligência cultural tenha mais relevância direta no trabalho diário do que o departamento de RH. Não contrate um diretor de RH que não tenha muita inteligência cultural! A equipe de recursos humanos vai precisar da IC para analisar e preencher vários cargos no âmago da organização e também para durante as práticas de contratação, avaliações de desempenho, treinamento e planejamento de carreira.[3] O ciclo de quatro passos oferece aos encarregados de recursos humanos um modelo consistente para tudo, desde promover o respeito dentro de uma força de trabalho diversificada até a criação de políticas que atendam à diversidade cultural e religiosa entre os funcionários. Os diretores de RH precisam ter inteligência cultural para também cultivá-la nos outros e para desenvolver indivíduos para tarefas que envolvam viagens internacionais. O departamento de recursos humanos é um lugar estratégico para se começar a fomentar a inteligência cultural.

Viajantes internacionais

Os gerentes de projeto que têm contato diário com clientes e fornecedores no mercado internacional devem possuir um nível mais alto de

IC em todas as quatro dimensões, mais do que aqueles que trabalham no mercado doméstico. Muitas dessas pessoas terão de viajar para esses mercados. E a IC é ainda mais necessária para a equipe que estiver sendo treinada para missões mais longas no exterior. Não contrate apenas aqueles que possuam competência técnica para um trabalho; eles também precisam ter uma IC mais forte do que os que desempenham essa mesma função em seu próprio país. Dê atenção especial aos membros e candidatos que demonstram ter uma autoconfiança incomum para tarefas interculturais. Verifique a IC deles e pense bem se você deve desconsiderar algum por não ter IC suficiente ou se deve encontrar uma maneira de ajudá-lo a desenvolvê-la. Isso poderá poupar-lhe alguns milhares ou até mesmo alguns milhões de dólares. Lembre-se sempre disso! O fato de alguém ser um bom engenheiro em Atlanta não quer dizer que ele vá ser um bom engenheiro em Dubai.

Depois de escolher com cuidado uma pessoa para uma tarefa internacional, ofereça a ela treinamento e evolução constante. Não faça só um curso rápido, às vésperas do embarque. É claro que nessas horas serão necessárias mais informações e maior conscientização. A ênfase no pré-embarque deve ser em como sobreviver nos primeiros seis meses de moradia e que perguntas devem ser feitas. No entanto, geralmente o grau de motivação para se aprender inteligência cultural é muito maior no decorrer de uma missão do que no início. Um treinamento muito intenso na hora do embarque pode parecer teórico ou irrelevante demais para quem está mais preocupado em fazer sua mudança e em como passar tudo para o outro lado do mundo. Mas depois de algum tempo desempenhando um trabalho no exterior, aparece toda uma nova série de perguntas, além de um desejo reprimido de encontrar soluções para trabalhar e morar longe de casa. Esse é um momento muito melhor para se oferecer um treinamento completo de inteligência cultural, em vez de tentar incutir muita informação nos funcionários logo no início.

Aferindo a IC dos candidatos

Para preencher cargos com pessoas culturalmente inteligentes, prepare uma avaliação nas quatro dimensões de IC. Além de fazer uma aferição, faça perguntas durante a entrevista, observando e procurando referências aos seguintes pontos:

VONTADE DE TER IC
☐ Até que ponto o candidato mostra interesse em culturas diferentes?

☐ Ele já procurou alguma oportunidade de trabalhar com colegas de culturas diferentes?

☐ Ele parece confiante de ser bem-sucedido em situações interculturais?

CONHECIMENTO DE IC
☐ Ele demonstra ter algum insight sobre como uma cultura influencia sua tomada de decisão?

☐ Ele consegue descrever as diferenças culturais básicas existentes entre as várias culturas nas quais a organização trabalha?

☐ Ele fala outra língua?

ESTRATÉGIA DE IC
☐ Como ele demonstra ter consciência de si próprio e dos outros?

☐ Ele tem um plano diferente para um trabalho e para interações com outras culturas?

☐ Ele vê se o próprio comportamento intercultural é eficaz?

AÇÃO DE IC
☐ Ele consegue alterar a maneira de se comunicar para vários contextos?

☐ Ele demonstra ser flexível na hora da negociação?

☐ Até que ponto ele adapta o comportamento no momento de trabalhar com pessoas e projetos em diferentes contextos culturais?

Seja na hora de promover alguém para uma nova função ou contratar alguém de fora, estas são considerações fundamentais. Como dissemos antes, dois postos-chave em que um alto nível de IC é imprescindível são a equipe de RH e as pessoas que precisam viajar para o exterior.

Recompensando um bom desempenho

Por fim, aprecie a diversidade que existe em sua própria força de trabalho e dê incentivos para um comportamento culturalmente inteligente. Tenha em mente as diferenças culturais e individuais naquilo que motiva os diversos membros da equipe. Para alguns, a remuneração financeira é o incentivo mais instigante, enquanto para outros pode ser a segurança no emprego, uma função que os faz se sentirem realizados ou que lhes dá mais status. Desafie a equipe para abraçar uma motivação transcendental na hora de tratar as pessoas com dignidade e respeito e fazer do mundo um lugar melhor. Dê a ela uma inspiração, de modo a se tornar uma comunidade de indivíduos comprometidos com um bem maior e um agente para um engajamento global humano e respeitoso. Aqui vai algo para se pensar: um número cada vez maior de organizações está pagando uma semana a seus funcionários para fazerem turismo em algum lugar do mundo. Elas percebem a recompensa que surge de fazerem seus funcionários viajar para outra parte do mundo e como isso permite que a organização contribua para algo maior do que ela mesma. Em contrapartida, os funcionários descobrem uma das melhores maneiras de se tornarem culturalmente inteligentes — viajando para o exterior.[4] Uma fábrica com sede em Los

Angeles criou uma fundação pela qual a empresa fornece filtros de água limpa para várias comunidades da África subsaariana. Ela também paga aos funcionários uma semana de trabalho voluntário em uma dessas regiões. E os funcionários podem até pedir dinheiro da fundação da empresa para financiar essas viagens. Tanto o CEO como os funcionários veem um grande retorno nesse investimento.

Determine em que áreas é mais importante ter funcionários com inteligência cultural e trabalhe com a direção de RH para que esses cargos sejam preenchidos por pessoas dotadas de alto nível de IC. O preço de não se fazer isso, contado em horas de trabalho dos altos executivos e em oportunidades perdidas, é muito caro. Junte-se às instituições que estão na linha de frente da liderança de um mundo diversificado e que veem a inteligência cultural como uma prioridade para os funcionários.

Desenvolva estratégias de IC

Apesar de ter pessoal dotado de inteligência cultural ser fundamental para colher os benefícios da IC, ela não é um fim em si mesmo. Sua organização também precisa desenvolver estratégias de IC. São procedimentos táticos e rotinas que permeiam toda a instituição e que permitem que ela funcione no dia a dia de uma maneira culturalmente inteligente. À medida que você for identificando as etapas desejadas e traçando planos específicos para chegar lá, veja sempre como as realidades globais e culturais afetarão esses planos. Sempre me impressiono com o número de instituições que vejo se lançar em projetos inteiros sem a menor avaliação de como essa iniciativa será vista nos diversos mercados culturais em que ela pretende atuar. Quando um fornecedor fizer uma apresentação de um serviço baseada numa ampla pesquisa de mercado, peça para ver as informações demográficas da amostra. E se você for ler um relatório sobre as características, as necessidades e os interesses dos adolescentes, não deixe nunca de perguntar: que adolescentes? São adolescentes do mundo inteiro? Só dos Estados Unidos? E quais seriam esses adolescentes americanos — jovens brancos, suburbanos e de classe média ou jovens urbanos e hispânicos, que moram em guetos? Esse tipo de reflexão sobre o papel da cultura na maneira como você traça seus planos estratégicos mostrará como você deve alocar seus recursos (financeiros, de pessoal, de terras, equipamentos e instalações) para atingir seus objetivos.

Uma fabricante americana de móveis relatou um grande interesse dos japoneses pela nova linha de mesas e cadeiras. Imediatamente, ela mandou dois contêineres cheios de móveis para o Japão, alugou um espaço nobre no centro de Tóquio para servir de mostruário e viu os móveis ficarem ali parados com pouquíssimas vendas. Muita gente entrava e experimentava se sentar nas cadeiras, mas poucas eram vendidas. Mais tarde, eles descobriram que as cadeiras, que foram desenhadas para americanos de porte mais robusto, eram desconfortáveis para japoneses, de menor compleição. E as mesas grandes eram um sinal de pretensão que os executivos japoneses não queriam. A empresa mandou todos os móveis de volta e trabalhou com engenheiros japoneses para redesenhar seu produto especificamente voltado para clientes asiáticos. Cinco anos depois, era o maior distribuidor de móveis de escritório na Ásia.

A maneira como vemos a pesquisa e o desenvolvimento, o planejamento estratégico, a produção, o marketing e as avaliações é altamente calcada em nossos sistemas e valores culturais. O processo que utilizamos para chegar às decisões, nossas premissas sobre como deve ser organizada a produção e os planos de marketing que achamos serem inovadores e eficientes são todos reflexos de nossa cultura. E assim, ao mesmo tempo que formamos uma equipe culturalmente inteligente à nossa volta, temos de pensar em qual seria um bom plano de marketing no México, para não terminarmos com uma campanha inteira com o slogan "Está amamentando?", em vez de *Got milk?*

220

Se estiver desenvolvendo um cronograma que parta da premissa de que você vai assinar um contrato com uma subsidiária na China a tempo de cumprir um prazo, é melhor fazer uso de sua inteligência cultural para determinar como negociá-lo de maneira que interesse aos valores de uma empresa chinesa. E, ao procurar um parceiro em outro país, você vai precisar identificar os principais fatores competitivos associados ao trabalho em conjunto, aferir os riscos culturais e organizacionais ligados a cada um desses fatores e usar tudo isso na tomada de decisão.[5] Estratégias dotadas de inteligência cultural nos ajudam a identificar, planejar e administrar os riscos com antecedência, assim como no meio do caminho quando o inesperado acontece.

E ele vai acontecer!

Construa estruturas de IC

O passo seguinte é criar as estruturas e os mecanismos adequados para pôr em ação as estratégias de IC. O conhecimento de IC nos auxilia a formar as estruturas que consideram o papel dos vários sistemas culturais (como, por exemplo, legais e religiosos) e dos valores (como o respeito ao tempo e a distância para o poder) sobre as maneiras como trabalhamos nos diversos mercados. Por exemplo, apesar de o sistema de negociação de contratos necessitar de certa uniformidade para toda a organização, ele também tem de ser suficientemente flexível para realmente se chegar à assinatura de um contrato nas diversas culturas. Você deve encontrar um modo de continuar com as responsabilidades legais e fiscais (como no caso de um contrato assinado) e, ao mesmo tempo, acomodar as abordagens informais e extraoficiais de uma negociação adotadas em países menos desenvolvidos. As diferenças de maturidade dos arcabouços legais, dos direitos de propriedade e nos procedimentos de arbitragem são exatamente as razões pelas quais as estruturas culturalmente inteligentes se fazem tão necessárias.[6] Releia as implicações dos sistemas e dos valores culturais para a liderança descritas nos Capítulos 4 e 5.

Outro motivo para desenvolver as estruturas de IC é acomodar a distância geográfica que existe entre a sede e as afiliadas em uma organização. Essa distância normalmente resulta em diferenças de fusos horários e disparidades na infraestrutura de telecomunicação, no leque das fontes de informação e na escala de negócio de um parceiro. Uma estrutura culturalmente inteligente que cubra distâncias longas pode incluir um cronograma rotativo para *conference calls* entre os líderes regionais, de modo que a cada vez essas chamadas aconteçam num horário inconveniente para um executivo diferente. Uma adaptação tão simples assim ajuda muito na hora de se construir uma organização culturalmente inteligente.

Universidades que tenham um grande número de alunos vindos do exterior proporcionam mais uma forma de se pensar sobre a necessidade das estruturas inteligentes. Os alunos estrangeiros geralmente vêm com um conjunto de necessidades pessoais e acadêmicas que são diferentes das dos alunos locais. E são necessárias estruturas características culturalmente inteligentes para ajudá-los a serem bem-sucedidos. Estruturas flexíveis da mesma ordem são necessárias para as diferentes crenças religiosas praticadas por alunos e funcionários.

Um dos maiores problemas das organizações dotadas de IC é desenvolver estruturas maleáveis sem ter de reinventar todo o processo cada vez em que se entra num novo contexto cultural. Personalizar e adaptar as estruturas é fundamental, mas é insustentável construir uma estrutura diferente para cada nova situação. E chega um ponto em que recriar inteiramente sua estrutura e sua linha de produtos para cada contexto acaba resultando pura e simplesmente numa perda de identidade de marca. As batatas fritas e os milk-shakes do McDonald's têm basicamente o mesmo gosto em Chicago e em Nova Déli. Existe uma certa uniformidade na experiência de se comer numa lanchonete do McDonald's em qualquer lugar do mundo. Mas as abordagens locais em relação ao cardápio ilustram algumas estruturas flexíveis dentro do enfoque internacional do McDonald's. Os sabores disponíveis dos milk-shakes em Chicago e Nova Déli são diferentes. E o produto mais básico do McDonald's, que é o hambúrguer, não é oferecido nas lanchonetes da Índia. A cadeia de lanchonetes desenvolveu uma estrutura que consegue demonstrar respeito em relação às convicções hindus sobre comer carne de vaca. Portanto, em vez do Big Mac, é o McVeggie que está no centro do cardápio na Índia. À medida que estruturas, serviços e produtos mais flexíveis vão sendo desenvolvidos e transformados, sua equipe passa a funcionar de maneiras mais inteligentes e produtivas.

Crie sistemas de tomada de decisão com IC

O processo de tomada de decisão é outro elemento-chave para se tornar uma organização culturalmente mais inteligente. Cada organização tem seu próprio processo de tomada de decisão, que trabalha em conjunto com as culturas nacionais das quais a organização é apenas uma parte. Algumas culturas organizacionais adotam um modelo de tomada de decisão em que o interesse principal está em estabelecer normas que ditem as regras de um mercado ou de um setor de atividade. Por exemplo, a iniciativa da Apple Computer em produzir players portáteis e telefones celulares revela uma cultura organizacional interessada em redefinir a maneira como as pessoas ouvem música ou usam um telefone celular. Esse tipo de cultura não baseia suas decisões naquilo que o mercado diz que gosta. Em vez disso, essas empresas querem criar uma nova norma dentro das culturas em que atuam. Por outro lado, muitas outras culturas organizacionais se caracterizam por serem principalmente orientadas para o mercado e pelo pragmatismo. Essas empresas olham para as tendências que vêm tendo sucesso e oferecem um produto que se encaixa nesse mercado.

Outro tipo de tomada de decisão se encontra naquelas empresas que baseiam suas decisões em dados e em pesquisas, ao contrário daquelas que tomam decisões mais intuitivas ou baseadas em uma ordem expressa do executivo principal. Outras instituições juntam as pesquisas com uma química mais intuitiva sobre algo, enquanto outras são mais democráticas e incentivam clientes e funcionários a darem ideias inovadoras. Certamente, é apropriado para uma organização desenvolver e ter o próprio estilo de tomar decisões, mas essa abordagem pode ter de sofrer uma adaptação ao entrar em culturas étnicas diferentes.

As equipes culturalmente inteligentes perguntam como nós sabemos quais são as inovações que merecem nossa energia e nosso investimento ao se considerar os mercados de uma cultura diferente. E como as várias culturas regionais de nossa equipe influenciam a maneira de decidir? Desenvolva um processo geral de tomada de decisão que ajude sua equipe a equilibrar uma medida adequada de autoridade própria, ao mesmo tempo em que sabe a hora de pedir ajuda ao se confrontar com as jogadas imprevisíveis que aparecem numa liderança multicultural.

Institua um plano de aprendizagem de IC

Embora o treinamento nunca deva ser o único método utilizado para se implementar a IC, ele é uma faceta importante. Uma aprendizagem eficaz sobre a inteligência cultural começa com a vontade de ter IC. Obrigar os funcionários a participar de um treinamento sobre diversidade ou negociação em outros países não garantirá uma plateia interessada. Aqueles que se dedicam a buscar situações de aprendizado que exigem a participação das pessoas devem ter excelentes argumentos para apresentar sobre por que elas deveriam se interessar por inteligência cultural. É preciso fazer uma ligação entre a inteligência cultural e seus interesses pessoais. No item seguinte, darei algumas sugestões sobre como educar sua equipe em matéria de inteligência cultural.

Mostre que ela existe

Junte sua equipe e explique os benefícios da IC para cada um deles, e para a empresa como um todo. Ao mesmo tempo, comunique os custos que acompanham a ignorância cultural. Use as descobertas relatadas neste livro para demonstrar as recompensas da IC. Fale sobre a ligação entre a inteligência cultural e os objetivos deles, mais do que simplesmente ficar falando sobre a IC como se ela fosse um fim em si mesma. Ao fazer isso, você estará entrando no elemento "vontade de ter IC" sem pular imediatamente para as questões cognitivas da inteligência cultural. Ensine o ciclo de quatro passos como um modelo para ser usado em qualquer situação intercultural.

Distribua um exemplar deste livro aos membros da equipe e faça com que preencham um formulário de IC. Desperte o interesse deles em buscar um maior entendimento sobre como a inteligência cultural poderá ajudá-los a incrementar suas carreiras e evitar a obsolescência profissional.

Treinamento de divisões

Com exceção de uma introdução genérica para mostrar que a IC existe, não recomendo um treinamento sobre inteligência cultural que sirva para tudo. À medida que os executivos principais de sua empresa o levarem a abraçar o valor e a importância da inteligência cultural, você deverá encontrar maneiras de incorporar esse aprendizado pelas áreas dos respectivos líderes dentro da organização. A equipe de vendas precisa ter uma abordagem totalmente diferente da inteligência cultural do que a do pessoal de pesquisa e desenvolvimento. O mesmo vale para o marketing. Existem claramente alguns momentos em que o treinamento intercultural é valioso e evita perpetuar uma mentalidade autocentrada. Mas eu vejo que a maioria dos funcionários se sente frustrada se a inteligência cultural simplesmente é ensinada de uma maneira ambígua e abrangente demais, em vez de personalizada para ser aplicada em funções específicas dentro da organização. Os executivos principais geralmente cuidam das questões mais amplas sobre a inteligência cultural a uns 10 mil metros de altitude. Porém aqueles que operam nas diversas unidades preferem que os conceitos de inteligência cultural sejam aplicados diretamente ao lugar onde eles trabalham de verdade. Direcione inicialmente sua energia a oferecer sua expertise à aplicação da inteligência cultural às várias funções realizadas pelas suas equipes e divisões.

Plano de desenvolvimento pessoal de IC

Muitas organizações pedem aos funcionários de todos os níveis para traçar um plano de desenvolvimento pessoal na sua avaliação de desempenho anual. Inclua a inteligência cultural como uma área em que as pessoas precisam traçar um plano de crescimento para o ano que vem e ofereça um treinamento sobre como poderão progredir em matéria de IC nos próximos 12 meses. Quanto mais o plano se alinhar com a motivação e os interesses pessoais delas, melhor. Peça-lhes um objetivo para cada um dos quatro passos — tarefas mensuráveis para aumentar sua motivação, conhecimento, estratégia e ações.

Numa grande empresa, os funcionários completam um plano de desempenho a cada ano. As pessoas podem escolher a partir de uma série de cursos para atingir seus objetivos. Vários funcionários optam por um curso de dois dias sobre negócios globais oferecido como uma maneira de se chegar lá. O curso apresenta novas perspectivas aos participantes e técnicas que fazem a ponte entre as fronteiras culturais, nacionais e institucionais para atender à demanda dos consumidores no mundo inteiro. Os participantes aprendem a estabelecer relações de negócios mais eficazmente entre as culturas, com o objetivo de incrementar seu desempenho global.[7]

Você também pode pensar em fazer alguns cursos sobre conhecimentos de um determinado país, sobretudo se sua organização trabalha com poucas regiões do mundo. Ou oferecer um curso técnico sobre como negociar com culturas diferentes e fazer o processo de negociação passar pelos quatro passos do ciclo. Pense em oferecer uma série de treinamentos sobre as várias formas de comunicação, como as analisadas no Capítulo 7. Por exemplo, você pode ajudar sua equipe a praticar como fazer e receber elogios em vários países, como pedir desculpas, fazer requisições e saber quais os tópicos mais apropriados para uma discussão. Algumas empresas chegam a contratar gurus espirituais para ensinar seus funcionários a desenvolver a consciência, como parte de aumentar sua estratégia de IC. As melhores práticas listadas no final dos Capítulos 3 a 7 lhe darão muito mais ideias sobre o que usar com sua equipe. Aprendizado de novas línguas, participações em clubes literários, viagens ao exterior e aulas de canto e oratória podem ser estratégias para sua equipe aumentar a inteligência cultural. Existem muitos recursos disponíveis para ajudar as pessoas a aprender novas maneiras de ver e atuar em vários contextos diferentes.[8]

A maneira mais importante de alimentar e desenvolver a inteligência cultural em uma organização é dando o primeiro exemplo. O objetivo não é fazer você se sentir pressionado a ser um mestre da inteligência cultural que nunca fracassa ou comete um erro. Em vez disso, dê um grande valor aos benefícios estratégicos da inteligência cultural para o papel que tem como líder, para sua empresa e para o bem maior da humanidade. Perceba a relevância do círculo de quatro passos da IC para alguma coisa que você esteja fazendo. E aproveite o valor que vem de aprender com os próprios erros. Aliás, usar as experiências negativas como fonte de inspiração para as mudanças é uma prova de grande inteligência cultural. Ao deparar com uma nova cultura, você inevitavelmente vai experimentar alguns fracassos e reveses. A questão crítica não é ter um comportamento irretocável, mas como aprender com os erros e as experiências negativas. Um alto nível de inteligência cultural nos ajudará a prestar atenção ao que podemos aprender com as experiências interculturais — tanto as boas quanto as ruins.[9]

Faça parte de uma comunidade de eternos aprendizes que desejam viver e trabalhar em um mundo multicultural. Encontre formas criativas de inspirar e educar sua equipe para crescer em matéria de IC. Dê bastante incentivo e poder aos membros da equipe para fazer parte de algumas das iniciativas que surgirem nos mercados de culturas diferentes.[10] Conduza-os nesse sentido e ajude-os a aplicar a inteligência cultural à nova missão. Quando fizer isso, você estará lhes dando um conjunto de práticas que permite que eles descubram oportunidades sem precedentes no novo mundo do século XXI. E sua organização com certeza terá a vantagem de se manter na linha de frente de nosso mundo acelerado.

Conclusão

A cada trimestre, a importância de se liderar com inteligência cultural torna-se cada vez mais evidente. Você pode ter todas as políticas adequadas e tomar todas as decisões táticas apropriadas, mas, se não se dedicar à inteligência cultural, adeus! Atingir suas metas de performance será quase impossível e, na melhor das hipóteses, a chance de você fracassar será de 70%.

Basta olhar para um dos líderes mais poderosos do início deste século, o presidente americano George W. Bush. Nenhum presidente da história dos Estados Unidos foi mais pró-Índia do que ele. Ele negociou políticas e ofereceu oportunidades de mercado para a Índia infinitamente maiores que as de seu antecessor, Bill Clinton. Este, por sinal, promoveu muito mais sanções contra a Índia e condenou o país pelas armas nucleares clandestinas. No entanto, em geral, Clinton é muito mais amado na Índia do que Bush. As viagens de Clinton ao país sempre o fizeram se aproximar do povo e da cultura. Já o governo Bush, por seu lado, afastou o presidente de qualquer interação mais significativa com o povo indiano, a não ser as autoridades. Como sempre foi a regra em suas viagens ao exterior, ele pouco se envolveu com os líderes empresariais, com os funcionários públicos e com os ativistas, nas ocasiões em que esteve na Índia como chefe de estado. Temos de admitir que, depois do 11 de Setembro, ele se viu exposto a muito mais riscos do que os presidentes anteriores. Mas, seja isso justo ou injusto, o fato de George Bush ter pouco contato com o povo e a cultura dos países que visitou passou uma impressão de falta de respeito e apreço. Pode até não ter sido a intenção dele, mas, às vezes, não é *só* a intenção que conta. Se ele tivesse sido capaz de fazer um esforço maior para tocar as pessoas nos países estrangeiros, o valor simbólico teria sido significativo. Esse é um exemplo extremo de como as decisões políticas de um líder fazem diferença, mas o simbolismo que envolve as interações interculturais de um líder é geralmente bem mais poderoso.[11] Muitos chefes de empresa fazem exatamente a mesma coisa. Eles se esforçam enormemente para fazer grandes planos e parcerias internacionais, mas ao não se engajar de verdade com as pessoas e a cultura a que esses planos estão ligados, a parceria traz resultados bem menores do que poderia.

Ao explorar o território emergente da inteligência cultural, você e sua empresa não precisarão ser mais uma triste estatística de fracasso em um empreendimento internacional. A inteligência cultural nos oferece uma abordagem realista para as agendas frenéticas de viagem e os prazos com que nos deparamos como executivos. É uma habilidade que tem de ser desenvolvida continuamente enquanto continuamos vivendo, liderando e aprendendo. E ela proporciona uma maneira de ficarmos na linha de frente, ao mesmo tempo em que contribuímos para um bem maior para a humanidade e o mundo.

Siga o ciclo de quatro passos da IC ao se preparar para sua próxima interação intercultural:

- Passo 1: Analise sua motivação (vontade de ter IC).
- Passo 2: Procure entender os outros (conhecimento de IC).
- Passo 3: Na hora de planejar, pense fora da caixa (estratégia de IC).
- Passo 4: Lidere com um verdadeiro respeito (ação de IC).

Enquanto escrevo estas linhas, estou prestes a fazer minha primeira viagem ao Sudão. Meu instinto errante impulsiona muito minha vontade de ter IC. Sinto-me instigado a caminhar pelas ruas de um lugar sobre o qual já ouvi falar bastante. Raramente sinto-me ansioso com relação a um local para onde vou viajar, mas tenho as minhas ressalvas, dado o nível de violência que continua existindo por lá. Mas posso vislumbrar algumas possibilidades de contatos que essa viagem vai me proporcionar, e isso ajuda a me motivar. No caminho, vou parar em Dubai, para analisar a possibilidade de uma nova parceria por lá, e isso aumenta ainda mais meu interesse por essa viagem. Eu acompanhei a história recente do Sudão pelo noticiário e por meio de livros como *What Is the What*, de David Egger. Já tive alunos sudaneses nos meus cursos. Porém, tenho muito pouco conhecimento do que se pode e do que não se pode fazer na cultura sudanesa. Entretanto, não vou começar do zero. Meu conhecimento de IC sobre culturas em geral me fornece uma série de perguntas em que pensar, enquanto imagino o trabalho que farei por lá. E vou utilizar um portfólio cada vez maior de conhecimento para planejar e traçar minha estratégia de como será meu trabalho de consultor e professor naquele país. A estratégia de IC está me ajudando a ter uma melhor noção de como serei percebido. Estou pensando em até que ponto posso aplicar com segurança aquilo que já vivi em outras culturas do leste da África para o caso do Sudão.

No fim das contas, espero que meu comportamento no Sudão (ação de IC) venha a ser uma miscelância de sucessos e fracassos. Geralmente é o que acontece. Quero estar bem preparado, mas nada de ficar pensando demais a respeito. Nem posso fazer isso, pois há muitos afazeres entre o dia de hoje e o de meu embarque para o Sudão. E, assim, como poderei ser um líder responsável e ficar na linha de frente nas muitas reviravoltas do mundo multidimensional do Sudão, sem me ver paralisado em um emaranhado de análises? A inteligência cultural me oferece uma maneira administrável de ir em frente. Não é só usar por usar, mas também não estou criando uma expectativa irreal de que poderei passar as próximas semanas me tornando um expert na cultura sudanesa. Mas agora chega de falar no Sudão. Daqui a dez minutos, terei uma *conference call* com filiais na República Tcheca, no México, nos Estados Unidos e na China. Está na hora de sair do terreno plano e previsível que é escrever um livro e voltar a liderar e me relacionar com o mundo multidimensional que me aguarda lá fora.

A gente se encontra por aí!

APÊNDICE:
CONTEXTO DA PESQUISA

O modelo da inteligência cultural se ampara num trabalho empírico rigoroso englobando pesquisadores de 25 países. Christopher Earley e Soon Ang se utilizaram da pesquisa sobre múltiplas inteligências para desenvolver o modelo conceitual da inteligência cultural.[1] Os pesquisadores Soon Ang, Linn van Dyne, Christine Koh, Koh-Yee Ng, Klaus Templer, Cheryl Tay e N. Anand Chandrasekar desenvolveram e validaram uma lista de vinte itens chamada Escala de Inteligência Cultural (CQS, na sigla em inglês) para medir a IC através das várias culturas.[2] Desde 2003, o tópico IC passou a atrair significativa atenção do mundo inteiro e de várias disciplinas. Segundo Soon Ang e Linn van Dyne, a pesquisa foi apresentada a vários grupos, incluindo a Society for Industrial and Organizational Psychology, a American Psychological Association, a International Conference on Information Systems, a International Academy of Intercultural Relations, o International Congress of Applied Psychology, a Shangai Conference on Cultural Intelligence, da China, a United States Defense Advanced Research Projects Agency e a International Military Testing Association.[3] Apesar de ela ter sido testada de forma mais minuciosa nos contextos educativos e de negócios, também foram colhidos dados dos campos da enfermagem, da engenharia, do direito, da consultoria, da saúde mental, do governo e da religião.

As pesquisas a que este livro faz referência partiram de uma série de pesquisadores dispostos a testar a inteligência cultural, inclusive eu. Todos os dados tirados diretamente dessas pesquisas foram citados aqui. As demais descobertas sobre inteligência cultural presentes neste livro foram compilados por mim entre 2005 e 2008, como parte do Projeto de Liderança de Inteligência Cultural. Esse projeto se constituiu de uma série de estudos que testaram e aplicaram a inteligência cultural ao trabalho de executivos numa série de contextos profissionais: empresariais, educacionais, governamentais e instituições de caridade. A hipótese da Inteligência Cultural e do Projeto de Liderança é que existe uma relação positiva entre a obtenção de inteligência cultural e a eficácia dos líderes no século XXI. Até hoje, 1.023 pessoas foram envolvidas nessa pesquisa. Os dados foram coletados a partir de uma teoria bem fundamentada, entrevistando os participantes, lendo newsletters sobre o assunto, administrando pesquisas, reunindo grupos de debates e com observações de primeira mão. Esses estudos deviam ser de uma natureza descritiva.

Um subconjunto da pesquisa envolvia testar as experiências de líderes religiosos não só com culturas socioétnicas, mas também com culturas organizacionais e geracionais. Essas descobertas foram publicadas em meu livro *Cultural Intelligence: Improving Your CQ to Engage Our Multicultural World*. A maioria dos dados desse subconjunto foram colhidos em grupos de pesquisa e de debates.

Para respeitar e proteger a confidencialidade dos indivíduos pesquisados, seus nomes, bem como os nomes das instituições em que eles trabalham, foram trocados. No entanto, as outras informações demográficas (como sexo, idade, etnia e local de domicílio) não foram alteradas nos relatos encontrados aqui e em outros escritos. Sou gratíssimo à generosidade de centenas de executivos e suas instituições por terem confiado em mim com seus pensamentos, sentimentos e suas ideias sobre a liderança intercultural. Visite o Cultural Intelligence Center em http://www. cq-portal.com (em inglês) para mais informações sobre a pesquisa de IC.

NOTAS

Introdução

1. Soon Ang e Linn van Dyne, "Conceptualization of Cultural Intelligence", in: *Handbook of Cultural Intelligence: Theory, Measurement, and Applications*, Soon Ang e Linn van Dyne, orgs. (Armonk, NY: M. E. Sharpe, 2008), p. 3.

2. Aimin Yan e Yadong Luo, *International Joint Ventures: Theory and Practice* (Armonk, NY: M. E. Sharpe, 2000), p. 32.

3. R. Sternberg e Douglas K. Detterman, *What Is Intelligence? Contemporary Viewpoints on Its Nature and Definition* (New York: Ablex Publishing, 1986).

4. Soon Ang, Linn van Dyne, Christine Koh, Koh-Yee Ng, Klaus Templer, Swing Ling Cheryl Tay e N. Anand Chandrasekar, "Cultural Intelligence: Its Measurement and Effects on Cultural Judgment and Decision-Making, Cultural Adaptation, and Task Performance", *Management and Organization Review* 3 (2007): p. 335-371.

5. Um resumo de boa parte da pesquisa sobre IC realizada até hoje aparece em Soon Ang e Linn van Dyne, orgs., *Handbook of Cultural Intelligence: Theory, Measurement, and Applications* (Armonk, NY: M. E. Sharpe, 2008).

Capítulo 1 — Você é um líder num terreno multicultural: por que a IC?

1. Soon Ang e Linn van Dyne, "Conceptualization of Cultural Intelligence", in: *Handbook of Cultural Intelligence: Theory, Measurement, and Applications* (Armonk, NY: M. E. Sharpe, 2008), p.3.
2. Thomas Friedman, *The World Is Flat: A Brief History of the Twenty-First Century* (New York: Farrar, Straus & Giroux, 2005). (No Brasil: *O Mundo é Plano*. Rio de Janeiro: Objetiva.)
3. Economist Intelligence Unit, "CEO Briefing: Corporate Priorities for 2006 and Beyond", in: *The Economist: Economic Intelligence Unit* (EIU) em http://a330.g.akamai.net/7/330/25828/20060213195601/graphics.eiu.com/files/ad_pdfs/ceo_Briefing_UKTI_wp.pdf, p. 3.
4. Id., p. 5.
5. Ibid., p. 9.
6. Gary Ferraro, *The Cultural Dimension of Business* (Upper Saddle River, NJ: Prentice-Hall, 1990), p. 2-3.
7. Economist Intelligence Unit, "CEO Briefing", p. 9.
8. Id., p. 17.
9. Douglas A. Ready, Linder A. Hill e Jay A. Cogner, "Winning the Race for Talent in Emerging Markets", *Harvard Business Review* (nov/2008), p. 63-70.
10. Jessica R. Mesmer-Magnus e Chockalingham Viswesvaran, "Expatriate Management: A Review and Directions for Research in Expatriate Selection, Training, and Repatriation" in: *Handbook of Research in International Human Resource Management*, Michael Harris, org. (Boca Raton, FL: CRC Press, 2007), p. 184; e Linda J. Stroh, J. Stewart Black, Mark E. Mendenhall e Hal B. Gregersen, *International Assignments: An Integration of Strategy, Research, and Practice* (Boca Raton, FL: CRC Press, 2004).

11. Margaret Shaffer e Gloria Miller, "Cultural Intelligence: A Key Success Factor for Expatriates", in: *Handbook of Cultural Intelligence: Theory, Measurement, and Applications*, Joan Ang e Linn van Dyne, eds. (Armonk, NY: M. E. Sharpe, 2008), p. 107, 120.

12. R. J. House, P. J. Hanges, M. Javidan, P. W. Dorfman e V. Gupta, *Culture, Leadership and Organizations: The GLOBE Study of 62 Societies* (Thousand Oaks, CA: Sage, 2004), p. 12.

13. Kok Yee Ng, Linn van Dyne e Soon Ang, "From Experience to Experiential Learning: Cultural Intelligence as a Learning Capability for Global Leader Development", *Academy of Management Learning & Education*.

14. Soon Ang, Linn van Dyne, C. Koh, K. Y. Ng, K. J. Templer, C. Tay e N. A. Chandrasekar, "Cultural Intelligence: Its Measurement and Effects on Cultural Judgment and Decision-Making, Cultural Adaptation, and Task Performance", *Management and Organization Review* 3 (2007), p. 340.

15. Id.

Capítulo 2 — Você precisa de um mapa de viagem: uma visão geral da IC

1. Cheryl Tay, Mina Westman e Audrey Chia, "Antecedents and Consequences of Cultural Intelligence Among Short-Term Business Travelers", in: *Handbook of Cultural Intelligence: Theory, Measurement, and Applications*, Sonn Ang e Linn van Dyne, orgs. (Armonk, NY: M. E. Sharpe, 2008), p. 130.

2. Soon Ang e Linn van Dyne, "Conceptualization of Cultural Intelligence", in: *Handbook of Cultural Intelligence: Theory, Measurement, and Applications*, Sonn Ang e Linn van Dyne, orgs. (Armonk, NY: M. E. Sharpe, 2008), p. 3.

3. Linn van Dyne e Soon Ang, "The Sub-Dimensions of the Four-Factor Model of Cultural Intelligence", relatório técnico para o Cultural Intelligence Center, 2008.

4. Id.

5. Ibid.

6. Ibid.

7. Ibid.

8. Ibid.

9. Soon Ang, Linn van Dyne, C. Koh, K. Y. Ng, K. J. Templer, C. Tay e N. A. Chandrasekar, "Cultural Intelligence: Its Measurement and Effects on Cultural Judgment and Decision-Making, Cultural Adaptation, and Task Performance", *Management and Organization Review* 3 (2007): p. 335-371.

10. Linn van Dyne, Soon Ang e Christine Koh, "Development and Validation of the CQS: The Cultural Intelligence Scale", in: *Handbook of Cultural Intelligence: Theory, Measurement, and Applications*, Sonn Ang e Linn van Dyne, orgs. (Armonk, NY: M. E. Sharpe, 2008), p. 16-38; veja os apêndices A a C, e a Escala de Inteligência Cultural, p. 389-391.

11. Linn van Dyne e Soon Ang, "The Sub-Dimensions of the Four-Factor Model of Cultural Intelligence".

12. J. D. Mayer e P. Salovey, "What Is Emotional Intelligence?", in: *Emotional Development and Emotional Intelligence: Educational Applications*, P. Savoley e D. Sluter (orgs.) (New York: Basic Books, 1997), p. 3-31.

13. Kok Yee Ng, Linn van Dyne e Soon Ang, "From Experience to Experiential Learning: Cultural Intelligence as a Learning Capability for Global Leader Development", *Academy of Management Learning & Education*.

14. Soon Ang, Linn van Dyne e Christine Koh, "Personality Correlates of the Four-Factor Model of Cultural Intelligence", *Group & Organizational Management* 31 (2006): p. 100-123.

15. Maddy Janssens e Tineke Cappellen, "Contextualizing Cultural Intelligence: The Case of Global Managers", in: *Handbook of Cultural Intelligence: Theory, Measurement, and Applications*, Sonn Ang e Linn van Dyne, orgs. (Armonk, NY: M. E. Sharpe, 2008), p. 369.
16. David Livermore, *Cultural Intelligence and Leadership Project* (Grand Rapids, MI: Global Learning Center, 2008), p. 12.
17. Conversa pessoal com Linda Fenty, 1º de maio de 2008.

Capítulo 3 — Abrindo o apetite: a vontade de ter IC (Passo 1)

1. Linn van Dyne e Soon Ang, "The Sub-Dimensions of the Four-Factor Model of Cultural Intelligence", relatório técnico para o Cultural Intelligence Center, 2008.
2. Albert Bandura, *Self-Efficacy: The Exercise of Control* (New York: W. H. Freeman, 1997), p. 15.
3. Klaus Templer, C. Tay e N. A. Chandrasekar, "Motivational Cultural Intelligence, Realistic Job Preview, Realistic Living Conditions Preview, and Cross-Cultural Adjustment", *Group & Organizational Management* 31 (1º/fev/2006): p. 167-168.
4. P. Christopher Earley, Soon Ang e Joo-Seng Tan, *CQ: Developing Cultural Intelligence at Work* (Stanford, CA: Stanford Business Books, 2006), p. 69.
5. Cheryl Tay, Mina Westman e Audrey Chia, "Antecedents and Consequences of Cultural Intelligence Among Short-Term Business Travelers", in: *Handbook of Cultural Intelligence: Theory, Measurement, and Applications*, Sonn Ang e Linn van Dyne, orgs. (Armonk, NY: M. E. Sharpe, 2008), p. 130.
6. P. Christopher Earley, Soon Ang, e Joo-Seng Tan, *CQ*, p. 67-68.
7. Craig Storti, *The Art of Crossing Cultures* (Yarmouth, ME: Intercultural Press, 1990), p. 44.

8. J. Stewart Black e Hal B. Gregersen, "The Right Way to Manage Expats", *Harvard Business Review* 77 (mar/abr): p. 53.

9. David Livermore, *Cultural Intelligence and Leadership Project* (Grand Rapids, MI: Global Learning Center, 2008), p. 22.

10. Evan West, "America's Greenest City", *Fast Company* (out/2008): p. 80.

11. Thich Nhat Hanh, *The Art of Power* (New York: Harper One, 2007), p. 68. (No Brasil: *A arte do poder*. Rio de Janeiro: Rocco.)

12. Paulo Freire, *Pedagogia do oprimido*. São Paulo: Paz e Terra.

13. Fareed Zakaria, *The Post-American World* (New York: Norton Publishing, 2008), p. 224. (No Brasil: *O mundo pós-americano*. São Paulo: Companhia das Letras.)

14. Id., p. 226.

15. Ibid., p. 257-258.

16. Henry Cloud, *Integrity: The Courage to Meet the Demands of Reality* (New York: Collins, 2006), p. 242.

17. Lu M. Shannon e Thomas M. Begley, "Antecedents of the Four-Factor Model of Cultural Intelligence", in: *Handbook of Cultural Intelligence: Theory, Measurement, and Applications*, Sonn Ang e Linn van Dyne, orgs. (Armonk, NY: M. E. Sharpe, 2008), p. 41-54; e Ibraiz Tarique e Riki Takeuchi, "Developing Cultural Intelligence: The Role of International Nonwork Experiences", in: *Handbook of Cultural Intelligence: Theory, Measurement, and Applications*, Sonn Ang e Linn van Dyne, orgs. (Armonk, NY: M. E. Sharpe, 2008), p. 56.

Capítulo 4 — Estudando a topografia: o conhecimento de IC (Passo 2-A)

1. Allan Hall, Tom Bawden e Sarah Butler, "Wal-Mart Pulls Out of Germany at a Cost of $1 BLN", *The Times* (29/jul/2006).

2. Edgar Schein, *Organizational Culture and Leadership* (San Francisco: Jossey-Bass, 2004), p. 11. (No Brasil, *Cultura organizacional e liderança*. São Paulo: Atlas.)

3. Linn van Dyne e Soon Ang, "The Sub-Dimensions of the Four-Factor Model of Cultural Intelligence", relatório técnico para o Cultural Intelligence Center, 2008.

4. Claudia Strauss e Naomi Quinn, *A Cognitive Theory of Cultural Meaning* (Cambridge: Cambridge University Press, 1997), p. 253.

5. William Rugh, "If Saddam Had Been a Fulbrighter", *Christian Science Monitor* (2/nov/1995).

6. William Kiehl, *America's Dialogue with the World* (Washington, DC: Public Diplomacy Council, 2006), p. 42.

7. *S.O.S. Malibu* em http://en.wikipedia.org/wiki/Baywatch (acessado em 24/ago/2007).

8. Robert Parkin, *Kinship: An Introduction to Basic Concepts* (Malden, MA: Blackwell), p. 49.

9. Kwok Leung e Soon Ang, "Culture, Organizations and Institutions", in: *Cambridge Handbook of Culture, Organizations, and Work*, R. S. Bhagat e R. M. Steers (orgs.) (Cambridge, MA: Cambridge University Press, 2008), p. 26.

10. Max Weber, *The Protestant Ethic and the Spirit of Capitalism* (New York: Charles Scribner's Sons, 1958).

11. Kwok Leung e Soon Ang, "Culture, Organizations, and Institutions", p. 29.

12. Aihwa Ong, *Spirits of Resistance and Capitalist Discipline: Factory Women in Malaysia* (Albany State University of New York Press, 1987), p. 101.

13. Paul Hiebert, *Anthropological Reflections on Missiological Issues* (Grand Rapids, MI: Baker Academic, 1994), p. 114.

14. Id., p. 113.

Capítulo 5 — Escavando o terreno: o conhecimento de IC (Passo 2-B)

1. Ver Robert Levine, *How Every Culture Keeps Time Just a Little Bit Differently* (New York: Basic, 1997), p. 157; adaptado de Edward Hall e M. R. Hall, *Understanding Cultural Differences: Germans, French, and Americans* (Yarmouth, ME: Intercultural Press, 1990), p. 190; Geert Hofstede, "Individualism, Power Distance, and Uncertainty Avoidance", in: *Cultures and Organizations: Software of the Mind* (New York: McGraw-Hill, 1997), p. 5; para mais maiores informações, visite o site http://geerthofstede.com (em inglês). (Hofstede deu uma pontuação muito baixa a Singapura em matéria de evitar riscos [9 pontos], mas isso é bastante contestado. A cultura dominante, em matéria de risco, é muito mais avessa às incertezas do que esse resultado sugere.); veja também R. J. House, P. J. Hanges, M. Javidan, P. W. Dorfman e V. Gupta, *Culture, Leadership, and Organizations: The GLOBE Study of 62 Societies* (Thousand Oaks, CA: Sage, 2004) para mais informações sobre valores culturais e liderança.

2. Minha experiência é muito parecida com uma simulação citada por Craig Storti em *Cross-Cultural Dialogues* (Yarmouth, ME: Intercultural Press, 1994), p. 64. A análise de Storti me ajudou a pensar sobre meu papel na hierarquia nessa situação.

3. L. Robert Kohls e John Knight, *Developing Intercultural Awareness: A Cross-Cultural Training Handbook* (Yarmouth, ME: Intercultural Press, 1994), p. 45.

4. Conversa pessoal com Soon Ang, em 26/out/2005; e M. J. Gelfand, L. Nishii e J. Raver, "On the Nature and Importance of Cultural Tightness-Looseness", *Journal of Applied Psychology* 91 (2006): p. 1225-1244.

5. Gary Ferraro, *The Cultural Dimension of Business* (Upper Saddle River, NJ: Prentice-Hall, 1990), p. 12.

6. S. T. Shen, M. Wooley, e S. Prior, "Towards Culture-Centered Design", *Interacting with Computers* 18 (2006): p. 820-852.
7. Gary Ferraro, *The Cultural Dimension of Business*, p. 48.
8. Id., p. 49.

Capítulo 6 — Desligue o piloto automático: a estratégia de IC (Passo 3)

1. Linn van Dyne e Soon Ang, "The Sub-Dimensions of the Four-Factor Modelo of Cultural Intelligence", relatorio técnico para o Cultural Intelligence Center, 2008.
2. Thich Nhat Hahn, *The Miracle of Mindfulness* (Boston: Beacon, 1999), p. 42-44.
3. Tom Rath, *StrengthsFinder 2.0: A New and Upgraded Edition of the Online Test from Gallup's Now, Discover Your Strengths* (Washington, DC: Gallup Press, 2007).
4. P. Christopher Earley, Soon Ang, e Joo-Seng Tan, *CQ: Developing Cultural Intelligence at Work* (Stanford, CA: Stanford Business Books, 2006), p. 11.
5. P. Christopher Earley e Soon Ang, *Cultural Intelligence: Individual Interactions Across Cultures* (Stanford, CA: Stanford Business Books, 2003), p. 115.
6. Soon Ang e Linn van Dyne, "Conceptualization of Cultural Intelligence", in: *Handbook of Cultural Intelligence: Theory, Measurement, and Applications*, Soon Ang e Linn van Dyne, orgs. (Armonk, NY: M. E. Sharpe, 2008), p. 5.
7. Richard Brislin, R. Worthley, e Brent Macnab, "Cultural Intelligence: Understanding Behaviors That Serve People's Goals", *Group and Organization Management* 31 (1º/fev/2006), p. 49.
8. Six Sigma Financial Services, "Determine the Root Cause: 5 Whys", http://finance.isixsigma.com/library/content/c020610a.asp (em inglês).

9. Kok Yee Ng, Linn van Dyne e Soon Ang, "From Experience to Experiential Learning: Cultural Intelligence as a Learning Capability for Global Leader Development", *Academy of Management Learning & Education.*

Capítulo 7 — Correr, andar, trotar: a ação de IC (Passo 4)

1. Edward Stewart e Milton Bennett, *American Cultural Patterns: A Cross-Cultural Perspective* (Boston: Intercultural Press, 1991), p. 15.
2. Linn van Dyne e Soon Ang, "The Sub-Dimensions of the Four-Factor Model of Cultural Intelligence", relatório técnico para o Cultural Intelligence Center, 2008.
3. A University of Phoenix é uma instituição com fins lucrativos, especializada em educação para adultos, com mais de 345 mil alunos em duzentos campi.
4. Linn van Dyne e Soon Ang, "The Sub-Dimensions of the Four-Factor Model of Cultural Intelligence".
5. Helen Spencer-Oatey, *Culturally Speaking* (London: Continuum Press, 2000), p. 236-237.
6. Adaptado do exemplo de Helen Spencer-Oatey de pedir a alguém para lavar os pratos em Helen Spencer-Oatey, *Culturally Speaking* (London: Continuum Press, 2000), p. 22.
7. Relatado orginariamente em meu livro *Cultural Intelligence: Improving Your CQ to Engage Ou Multicultural World* (Grand Rapids, MI: Baker Books, 2008), p. 115.
8. Peter Hays Gries e Kaiping Peng, "Culture Clash? Apologies East and West", *Journal of Contemporary China* 11 (2002): p. 173-178.
9. David Thomas e Kerr Inkson, *Cultural Intelligence: People Skills for Global Business* (San Francisco: Berrett-Koehler, 2004), p. 113.

10. Id., p. 116.
11. Os resultados da pesquisa sobre a IC e a negociação foram apresentados por Lynn Imai e Michele J. Gelfand, "Culturally Intelligent Negotiators: The Impact of CQ on Intercultural Negotiation Effectiveness", *Academy of Management Best Paper Proceedings* (2007).
12. Gary Ferraro, *The Cultural Dimension of Business* (Upper Saddle River, NJ: Prentice-Hall, 1990), p. 133.
13. David Thomas e Kerr Inkson, *Cultural Intelligence*, p. 118.
14. L. Imai e M. J. Gelfand, "Culturally Intelligent Negotiators: The Impact of CQ on Intercultural Negotiation Effectiveness", *Academy of Management Best Paper Proceedings* (2007).
15. Howard Giles e Philip Smith, "Accommodation Theory: Optimal Levels of Convergence", in: *Language and Social Psychology*, H. Giles e R. N. St. Clair, orgs. (Baltimore: University Park Press, 1979), p. 45-63.

Capítulo 8 — Vislumbrando a viagem à frente: provas e consequências da IC

1. Thomas Rockstuhl, *Relationships with CQ in Literature* (Singapore: Nanyang Business School, 2008).
2. Soon Ang e Linn van Dyne, "Conceptualization of Cultural Intelligence", in: *Handbook of Cultural Intelligence: Theory, Measurement, and Applications*, Soon Ang e Linn van Dyne, orgs. (Armonk, NY: M. E. Sharpe, 2008), p. 10.
3. Soon Ang, Linn van Dyne, C. Koh, K. Y. Ng, K. J. Templer, C. Tay e N. A. Chandrasekar, "Cultural Intelligence: Its Measurement and Effects on Cultural Judgment and Decision-Making, Cultural Adaptation, and Task Performance", *Management and Organization Review* 3 (2007): p. 335-371.

4. P. Christopher Earley, Soon Ang e Joo-Seng Tan, *CQ: Developing Cultural Intelligence at Work* (Stanford, CA: Stanford Business Books, 2006), p. 10.

5. Economist Intelligence Unit, "CEO Briefing: Corporate Priorities for 2006 and Beyond", in: *The Economist: Economic Intelligence Unit* (EIU) em http://a330.g.akamai.net/7/330/25828/20060213195601/graphics.eiu.com/files/ad_pdfs/ceo_Briefing_UKTI_wp.pdf, p. 14.

6. P. Christopher Earley, Soon Ang e Joo-Seng Tan, *CQ*, p. 10.

7. Soon Ang et al., "Cultural Intelligence", p. 335-371.

8. T. Oolders, O. S. Chernyshenko e S. Shark, "Cultural Intelligence as a Mediator of Relationships Between Openness to Experience and Adaptive Performance", in: *Handbook of Cultural Intelligence: Theory, Measurement, and Applications*, Soon Ang e Linn van Dyne, orgs. (Armonk, NY: M. E. Sharpe, 2008), p. 145-158; e Soon Ang et al., "Cultural Intelligence".

9. Kwanghyun Kim, Bradley Kirkman e Gilad Chen, "Cultural Intelligence and International Assignment Effectiveness: A Conceptual Model and Preliminary Findings", in: *Handbook of Cultural Intelligence: Theory, Measurement, and Applications*, Soon Ang e Linn van Dyne, orgs. (Armonk, NY: M. E. Sharpe, 2008), p. 71ss.

10. Economist Intelligence Unit, "CEO Briefing", p. 14.

11. R. Imai, "The Culturally Intelligent Negotiator: The Impact of CQ on Intercultural Negotiation Effectiveness", *Master Abstracts International* 45 (2007): p. 5.

12. P. Christopher Earley, Soon Ang e Joo-Seng Tan, *CQ*, p. 10.

13. Soon Ang e Andrew C. Inkpen, "Cultural Intelligence and Offshore Outsourcing Success: A Framework of Firm-Level Intercultural Capability", *Decision Sciences* 39 (ago/2008): p. 346.

14. Cheryl Tay, Mina Westman e Audrey Chia, "Antecedents and Consequences of Cultural Intelligence Among Short-Term Business Travelers", in: *Handbook of Cultural Intelligence: Theory,*

Measurement, and Applications, Soon Ang e Linn van Dyne, orgs. (Armonk, NY: M. E. Sharpe, 2008), p. 126ss.

15. M. V. Lugo, "An Examination of Cultural and Emotional Intelligences in the Development of Global Transformational Leadership Skills", *Dissertation Abstracts International* 68 (2007): p. 10; e K. A. Crowne, "The Relationship Among Social Intelligence, Emotional Intelligence, Cultural Intelligence, and Cultural Exposure", *Dissertation Abstracts International* 68 (2007): p. 3.

16. Soon Ang, Linn van Dyne e Christine Koh, "Personality Correlates of the Four-Factor Model of Cultural Intelligence", *Group & Organizational Management* 31 (2006): p. 100-123.

17. Efrat Shokef e Miriam Erea, "Cultural Intelligence and Global Identity in Multicultural Teams", in: *Handbook of Cultural Intelligence: Theory, Measurement, and Applications*, Soon Ang e Linn van Dyne, orgs. (Armonk, NY: M. E. Sharpe, 2008), p. 180.

18. Cheryl Tay, Mina Westman e Audrey Chia, "Antecedents and Consequences of Cultural Intelligence Among Short-Term Business Travelers", p. 126-144; Soon Ang et al., "Cultural Intelligence"; e L. M. Shannon e T. M. Begley, "Antecedents of the Four-Factor Model of Cultural Intelligence", in: *Handbook of Cultural Intelligence: Theory, Measurement, and Applications*, Soon Ang e Linn van Dyne, orgs. (Armonk, NY: M. E. Sharpe, 2008), p. 41-55.

19. Cheryl Tay, Mina Westman e Audrey Chia, "Antecedents and Consequences", p. 126-144.

20. Efrat Shokef e Miriam Erea, "Cultural Intelligence and Global Identity in Multicultural Teams", p. 177-191.

21. Kok Yee Ng, Linn van Dyne e Soon Ang, "From Experience to Experiential Learning: Cultural Intelligence as a Learning Capability for Global Leader Development", *Academy of Management Learning & Education*.

22. Ver Tanya Idliby, Suzanne Oliver e Priscilla Warner, *The Faith Club: A Muslim, A Christian, A Jew — Three Women Search for Understanding* (New York: Free Press, 2006) para uma história real sobre três mulheres que conseguiram fazer exatamente isso.

Capítulo 9 — Convocando os seus companheiros de viagem: Como desenvolver a IC na sua equipe

1. Edgar Schein, *Organizational Culture and Leadership* (San Francisco: Jossey-Bass, 2004), p. 23. (No Brasil, *Cultura organizacional e liderança*. São Paulo: Atlas.)
2. Soon Ang e Andrew C. Inkpen, "Cultural Intelligence and Offshore Outsourcing Success: A Framework of Firm-Level Intellectual Capability", *Decision Sciences* 39 (ago/2008): p. 343-344; e M. A. Carpenter, W. G. Sanders e H. B. Gregersen, "Bundling Human Capital with Organizational Context: The Impact of International Assignment Experience on Multinational Firm Performance and CEO Pay", *Academy Management Journal* 44 (2001): p. 493-511.
3. Margaret Shaffer e Gloria Miller, "Cultural Intelligence: A Key Success Factor for Expatriates", in: *Handbook of Cultural Intelligence: Theory, Measurement, and Applications*, Soon Ang e Linn van Dyne, orgs. (Armonk, NY: M. E. Sharpe, 2008), p. 107ss.
4. Cheryl Tay, Mina Westman e Audrey Chia, "Antecedents and Consequences of Cultural Intelligence Among Short-Term Business Travelers", in: *Handbook of Cultural Intelligence: Theory, Measurement, and Applications*, Soon Ang e Linn van Dyne, orgs. (Armonk, NY: M. E. Sharpe, 2008), p. 130.
5. Soon Ang e Andrew C. Inkpen, "Cultural Intelligence and Offshore Outsourcing Success", p. 346.

6. Jiing-Lih Larry Farh, P. Christopher Earley e Shu-Chi Lin, "Impetus for Action: A Cultural Analysis of Justice and Organizational Citizenship Behavior in Chinese Society", *Administrative Science Quarterly* 42 (1997): p. 421-444.
7. Conversa pessoal com Rebecca Kuiper (2/out/2008).
8. Maddy Janssens e Tineke Cappellen, "Contextualizing Cultural Intelligence: The Case of Global Managers", in: *Handbook of Cultural Intelligence: Theory, Measurement, and Applications*, Soon Ang e Linn van Dyne, orgs. (Armonk, NY: M. E. Sharpe, 2008), p. 369.
9. P. Christopher Earley, Soon Ang e Joo-Seng Tan, *CQ: Developing Cultural Intelligence at Work* (Stanford, CA: Stanford Business Books, 2006), p. 29.
10. Michael Goh, Julie M. Koch e Sandra Sanger, "Cultural Intelligence in Counseling Psychology", in: *Handbook of Cultural Intelligence: Theory, Measurement, and Applications*, Soon Ang e Linn van Dyne, orgs. (Armonk, NY: M. E. Sharpe, 2008), p. 264.
11. Fareed Zakaria, *The Post-American World* (New York: Norton Publishing, 2008), p. 225. (No Brasil, *O mundo pós-americano*. São Paulo: Companhia das Letras.)

Apêndice: Contexto da pesquisa

1. R. Sternberg e D. K. Detterman, *What Is Intelligence? Contemporary Viewpoints on Its Nature and Definition* (New York: Ablex Publishing, 1986).
2. Soon Ang, Linn van Dyne, C. Koh, K. Y. Ng, K. J. Templer, C. Tay e N. A. Chandrasekar, "Cultural Intelligence: Its Measurement and Effects on Cultural Judgment and Decision-Making, Cultural Adaptation, and Task Performance", *Management and Organization Review* 3 (2007): p. 335-371.

3. Soon Ang e Linn van Dyne, orgs., *Handbook of Cultural Intelligence: Theory, Measurement, and Applications*, (Armonk, NY: M. E. Sharpe, 2008), p. 130. Este livro oferece a pesquisa mais extensa que já vi sobre a inteligência cultural até hoje.

Este livro foi composto na tipologia Sabon LT Std,
em corpo 11/15,5, impresso em papel offwhite 80g/m²,
no Sistema Cameron da Divisão Gráfica
da Distribuidora Record.